最新财会职业技术教育系列教材

成本会计习题集

CHENGBEN KUAIJI XITIJI

(第二版)

李 敏 主编

立信会计出版社

图书在版编目(CIP)数据

成本会计习题集/李敏主编.—2版.—上海：立信会计出版社,2008.2
(最新财会职业技术教育系列教材)
ISBN 978-7-5429-1160-5

Ⅰ.成… Ⅱ.李… Ⅲ.成本会计-职业教育-习题
Ⅳ.F234.2-44

中国版本图书馆 CIP 数据核字(2008)第 017376 号

责任编辑　蔡莉萍
封面设计　周崇文

成本会计习题集(第二版)

出版发行	立信会计出版社			
地　址	上海市中山西路 2230 号	邮政编码	200235	
电　话	(021)64411389	传　真	(021)64411325	
网　址	www.lixinaph.com	电子邮箱	lxaph@sh163.net	
网上书店	www.shlx.net	电　话	(021)64411071	
经　销	各地新华书店			

印　刷	常熟市梅李印刷有限公司	
开　本	890 毫米×1240 毫米	1/32
印　张	7.75	
字　数	207 千字	
版　次	2008 年 2 月第 2 版	
印　次	2015 年 8 月第 7 次	
印　数	16 501—17 600	
书　号	ISBN 978-7-5429-1160-5/F·1064	
定　价	17.00 元	

如有印订差错　请与本社联系调换

编写说明

随着我国新的《企业会计准则》和《企业财务通则》的实施，与之相关的教材进行了必要的修订。作为一本适合于财会职业技术教育并与《成本会计》教材配套的《成本会计习题集》，也相应作了修改。本书具有以下几个方面的主要特点。

一、内容新颖

本习题集以《中华人民共和国会计法》、《企业会计准则》、《企业财务通则》、《内部会计控制规范》、《会计基础工作规范》为指南，按照新的会计准则所规定的关于各项会计要素的确认、计量、记录和报告的要求进行教学。习题集不仅编写内容新颖，而且注重成本费用核算操作的规范，强调依法核算与监督。

二、注重基础

本习题集以成本会计学科的内容为结构框架，全面系统地介绍了成本会计学科中有关成本计算与核算、成本管理与控制的基本理论、基础知识、基本方法，并加强基本操作技能的练习，这不仅符合财会专业职业技术教育人才培养的规格要求，而且也可以为学员奠定一个较为扎实的成本会计专业基础。

三、强调应用

会计方法是达到会计目的、履行会计职能、完成会计任务的手段。学习的目的全在于应用，而应用得如何全在于方法的得当与否。为此，本习题集以成本会计的基本方法为序，较为全面、系统地练习了生产费用的归集与分配、品种法、分批法、分步法、分类法、标准成本法、变动成本法、作业成本法等成本计算方法及其应用,阐述了商品流通企业成本核算的主要内容,以及成本费用控制、责任成本的主要内容和成本报表的编制与分析等,十分注重培养学员的动手操作能力。

四、突出实务

本习题集注意理论联系实际,大量的练习题都贴近会计实务与会计实例,通过练习,可以缩短教与学、学与用之间的距离,融会计理论、会计方法与会计实务于一体,让学员得到较强的实务操作训练。同时,习题集中根据教学进度安排了适度的期中复习题、期末复习题和综合测试题,对于巩固知识、应对考试具有很强的实战性。

五、方便自学

本习题集以《成本会计》教材的章节为序,紧扣教学进度安排相关的练习题,结构清楚、层次分明、语言流畅、图文并茂、通俗易懂。由于作者在编写时充分考虑到职业技术教育学员自学成才的需求,尽力做到深入浅出,明白如话,因而可读性较强。相信学员通过循序渐进地做练习,可以起到进一步理解与消化所学知识的作用。

学员作业时应当如同会计实务操作一样认真、仔细、一丝不苟,要按照记账规则与教学内容的要求循序渐进地做作业,按时、按质、按量完成规定的作业,包括完成教材上的"问题与思考"方面的练习。

本书作为最新出版的财会职业技术教育系列教材,与由立信会计出版社出版的《成本会计》、《基础会计》、《基础会计习题集》、《财务会计》、《财务会计习题集》、《税务会计》、《税务会计习题集》、《物业会计》、《物业会计习题集》、《财务管理》、《财务管理习题集》、《审计》、《审计习题集》、《财经应用文》、《管理会计》等书配套。本书可供高等职业技术教育、中等职业技术教育的财务会计专业或相关的经济类、管理类专业使用,也可作为财经类岗位培训、继续教育和财会人员自学用书。

　　本书由高级会计师、主任注册会计师李敏主编,徐成芳、李嘉毅协助有关编写工作。本书的出版得到了立信会计出版社和蔡莉萍编辑的大力支持。由于作者水平有限,加之编写时间仓促,疏漏差错之处,敬请读者提出宝贵意见,以便日后修改补正。

编　者
2008年元旦

目 录

一、《成本会计》课程教学大纲 …………………………………………… 1

二、成本会计习题 ……………………………………………………………… 19
  第一章 概论 ………………………………………………………………… 19
    习题 1 练习费用的划分与汇总 ……………………………………… 19
  第二章 生产费用归集与分配 …………………………………………… 21
    习题 2 练习材料费用分配 …………………………………………… 21
    习题 3 练习材料费用核算 …………………………………………… 22
    习题 4 练习待摊费用和预提费用核算 …………………………… 23
    习题 5 练习辅助生产分配方法(一) ……………………………… 24
    习题 6 练习辅助生产分配方法(二) ……………………………… 26
    习题 7 练习制造费用核算 …………………………………………… 28
    习题 8 练习废品损失核算 …………………………………………… 29
    习题 9 练习废品损失费用分配 ……………………………………… 30
    习题 10 练习填制废品损失计算表 ………………………………… 31
    习题 11 练习停工损失核算 …………………………………………… 33
    习题 12 练习费用的归集与分配 …………………………………… 34
  第三章 完工产品与在产品的分配方法 ……………………………… 37
    习题 13 练习约当产量法(一) ……………………………………… 37
    习题 14 练习约当产量法(二) ……………………………………… 39
    习题 15 练习定额比例法 ……………………………………………… 41
    习题 16 练习定额成本法 ……………………………………………… 43
    习题 17 练习完工产品与在产品的费用分配 …………………… 44

| 习题 18 | 综合练习生产费用的归集与分配 | 46 |

第四章 品种法 … 50

习题 19	练习品种法	50
习题 20	练习产品成本核算	52
习题 21	练习约当产量法与品种法	53

第五章 分批法 … 55

习题 22	练习分批法	55
习题 23	练习简化分批法	58
习题 24	练习累计间接费用分配法	61

第六章 分步法 … 64

习题 25	练习分项逐步结转分步法	64
习题 26	练习综合连续结转分步法	66
习题 27	练习编制还原分配表	68
习题 28	练习综合逐步结转分步法与成本还原	69
习题 29	练习平行结转分步法（一）	71
习题 30	练习平行结转分步法（二）	75
习题 31	练习平行结转分步法（三）	78
习题 32	练习平行结转分步法（四）	81
习题 33	期中综合复习题(A)	84
习题 34	期中综合复习题(B)	93

第七章 分类法 … 103

习题 35	练习分类法（一）	103
习题 36	练习分类法（二）	105
习题 37	练习系数分配法（一）	107
习题 38	练习系数分配法（二）	109
习题 39	练习联产品成本计算	110
习题 40	练习副产品成本计算	111

第八章 标准成本法 … 113

| 习题 41 | 练习直接材料成本差异的计算 | 113 |
| 习题 42 | 练习直接人工成本差异的计算 | 114 |

习题43 练习直接材料和直接人工成本差异的计算 …………… 115
习题44 练习制造费用成本差异的计算 …………………… 116
习题45 练习直接人工和制造费用差异的计算 ……………… 117
习题46 练习标准成本九因素分析 …………………………… 118

第九章 变动成本法……………………………………………… 119

习题47 练习分解混合成本 …………………………………… 119
习题48 练习计算变动成本法与完全成本法 ………………… 121
习题49 练习产品成本计算方法的综合运用 ………………… 123

第十章 作业成本法………………………………………………… 130

习题50 练习作业成本分配方法 ……………………………… 130

第十一章 商品流通企业成本…………………………………… 134

习题51 练习库存商品的计价方法 …………………………… 134
习题52 练习毛利率法的核算 ………………………………… 139
习题53 练习库存商品成本核算 ……………………………… 140
习题54 练习商品进销差价核算 ……………………………… 141
习题55 练习已销商品进销差价的计算和核算 ……………… 142
习题56 练习进销差价率法的核算 …………………………… 143
习题57 练习售价金额核算 …………………………………… 144

第十二章 成本费用控制………………………………………… 145

习题58 练习对存货计价方法的分析 ………………………… 145
习题59 练习成本费用的分析与控制 ………………………… 146
习题60 练习审查成本费用 …………………………………… 148

第十三章 责任成本……………………………………………… 150

习题61 练习成本中心业绩考评 ……………………………… 150

第十四章 成本会计报表与分析………………………………… 151

习题62 练习材料费用因素分析 ……………………………… 151
习题63 练习成本降低额和降低率的计算 …………………… 152
习题64 练习可比产品成本降低指标完成情况分析(一) …… 153
习题65 练习可比产品成本降低指标完成情况分析(二) …… 154
习题66 练习主要产品单位成本表的分析(一) ……………… 156

习题 67　练习主要产品单位成本表的分析(二) ……………… 157
习题 68　练习主要产品单位成本计划完成情况分析 …………… 158
习题 69　练习产品生产成本表(按成本项目反映)的分析 ……… 160
习题 70　练习分析生产费用 ……………………………………… 161
习题 71　练习分析成本费用利润率 ……………………………… 163
习题 72　期末综合复习题(A) …………………………………… 164
习题 73　期末综合复习题(B) …………………………………… 174

三、《成本会计》总复习题与模拟试题 …………………………… 183
《成本会计》总复习题(A) …………………………………………… 183
《成本会计》总复习题(B) …………………………………………… 192
《成本会计》模拟试题(A) …………………………………………… 203
《成本会计》模拟试题(B) …………………………………………… 213
《成本会计》模拟试题(C) …………………………………………… 224

附录　成本会计作业规范化须知 …………………………………… 235

一、《成本会计》课程教学大纲

【一、前言】

学习《成本会计》课程的目的,是使学员在掌握企业成本核算的基本理论、基础知识和基本方法的基础上,具备从事成本会计核算工作所必需的专业知识和实际工作能力,达到在成本会计方面所应具备的基本理论与实务工作水平。

为了达到上述教学目的,要求通过本课程的教学,使学员明确成本会计的特点、原则与要求,掌握成本会计的基本理论、基础知识与成本费用控制的基本方法,学会进行生产费用的归集与分配、完工产品与在产品之间的费用分配以及各种成本计算方法的应用,能控制成本费用,会编制与分析有关的成本会计报表。

【二、教学课时分配表】

章次	教学内容	课时
一	概论	4
二	生产费用归集与分配	8
三	完工产品与在产品的分配方法	8
四	品种法	4
五	分批法	6

(续表)

章 次	教 学 内 容	课 时
六	分步法	8
七	分类法	4
八	标准成本法	6
九	变动成本法	4
十	作业成本法	4
十一	商品流通企业成本	4
十二	成本费用控制	4
十三	责任成本	6
十四	成本会计报表与分析	6
	复习与考试	4
	总　　计	80

【三、教学内容与要求】

第一章　概　　论

〈教学目的〉

1. 理解成本会计的概念与内容
2. 明确成本会计的主要原则与要求
3. 熟悉成本核算的基本流程

〈教学内容〉

第一节　成本会计基本概念

　一、成本会计的概念

二、成本会计的内容

三、成本会计的目的

第二节　成本信息质量要求

一、合法性

二、真实性

三、分期核算

四、配比与权责发生制

五、实际成本核算

六、一贯性

七、相关性

八、重要性

第三节　成本会计核算规范

一、遵守成本开支范围

二、正确划分各种费用界限

三、加强成本核算的基础工作

四、确定成本计算对象和成本计算方法

第四节　成本核算基本程序

一、审核生产过程发生的费用

二、编制费用分配表

三、辅助生产费用的归集与分配

四、制造费用的归集与分配

五、完工产品成本结转

六、已销售产品成本结转

〈教学重点〉

1. 成本会计的内容
2. 成本会计核算的主要原则
3. 正确划分费用界限的要求
4. 生产特点和管理要求与成本对象之间的关系

第二章 生产费用归集与分配

〈教学目的〉
1. 理解生产费用的分类及其作用
2. 学会各类要素费用的归集与分配
3. 能进行生产费用核算的账务处理

〈教学内容〉

第一节 生产费用概述

　　一、生产费用的分类

　　二、成本费用账户设置

　　三、生产费用账务处理程序

第二节 材料费用归集与分配

　　一、原材料费用归集与分配

　　二、燃料和动力费用归集与分配

第三节 人工费用归集与分配

第四节 折旧及其他费用归集与分配

　　一、固定资产折旧费用和修理费用归集与分配

　　二、待摊费用和预提费用归集与分配

　　三、其他费用归集与分配

第五节 辅助生产费用归集与分配

　　一、直接分配法

　　二、一次交互分配法

第六节 制造费用归集与分配

第七节 废品损失与停工损失核算 *

　　一、废品损失核算

　　二、停工损失核算

〈教学重点〉

1. 生产费用的分类
2. 生产成本、制造费用、待摊费用、预提费用账户的性质、用途与结构
3. 原材料费用、人工费用、制造费用的归集与分配
4. 辅助生产的直接分配法和一次交互分配法

第三章 完工产品与在产品的分配方法

〈教学目的〉
1. 理解生产费用的分配原则和具体操作程序
2. 学会将生产费用在完工产品和在产品之间的分配方法
3. 能进行完工产品成本结转的账务处理

〈教学内容〉

第一节 分配方法概述

一、生产费用分配方法的基本原理

二、确定在产品数量

三、常用的分配方法

第二节 约当产量法

一、约当产量法基本原理

二、约当产量法计算实例

三、在产品约当产量的确定

第三节 定额比例法

一、定额比例法基本原理

二、定额比例法计算实例

第四节 定额成本法

一、定额成本法基本原理

二、定额成本法计算实例

〈教学重点〉
1. 约当产量法

2. 定额比例法

3. 定额成本法

第四章 品 种 法

〈教学目的〉

1. 了解品种法的概念与适用范围

2. 会进行品种法的计算

3. 明确品种法的特点

〈教学内容〉

第一节 品种法概述

 一、品种法的概念与适用范围

 二、品种法的计算步骤

第二节 品种法实例

第三节 品种法的特点

 一、按产品的品种归集生产费用,计算产品生产成本

 二、以日历月份作为成本计算期

 三、不计算各步骤半成品成本

〈教学重点〉

1. 品种法的计算实例

2. 品种法的特点

第五章 分 批 法

〈教学目的〉

1. 了解分批法的概念与适用范围

2. 会进行分批法的计算

3. 明确分批法的特点

4. 掌握累计分配法的优缺点

〈教学内容〉

第一节　分批法概述

　　一、分批法的概念与适用范围

　　二、分批法计算步骤

第二节　分批法计算

第三节　简化分批法

　　一、简化分批法的作用

　　二、简化分批法计算程序

　　三、简化分批法计算实例

　　四、简化分批法优缺点

〈教学重点〉

1. 分批法计算实例
2. 分批法的特点

第六章　分　步　法

〈教学目的〉

1. 了解分步法的分类及其适用范围
2. 会进行逐步结转分步法和平行结转分步法的计算
3. 能进行半成品成本还原
4. 明确逐步结转分步法和平行结转分步法的优缺点与适用范围

〈教学内容〉

第一节　分步法概述

　　一、分步法的概念和适用范围

　　二、分步法的特点

第二节　逐步结转分步法

　　一、逐步结转分步法的概念与计算程序

二、逐步结转分步法计算实例

　　三、半成品成本还原

　　四、逐步结转分步法优缺点及适用范围

第三节　平行结转分步法

　　一、平行结转分步法的概念与特点

　　二、平行结转分步法计算程序

　　三、平行结转分步法计算实例

　　四、平行结转分步法优缺点及适用范围

〈教学重点〉

1. 逐步结转分步法计算实例
2. 平行结转分步法计算实例
3. 半成品成本还原实例
4. 逐步结转分步法和平行结转分步法优缺点与适用范围的比较

第七章　分　类　法

〈教学目的〉

1. 了解分类法的概念与适用范围
2. 会进行分类法的计算和副产品的计算
3. 明确分类法的特点

〈教学内容〉

第一节　分类法概述

　　一、分类法的概念与适用范围

　　二、分类法计算程序

　　三、产品类别划分与成本分配方法

　　四、分类法特点

第二节　分类法计算实例

　　一、按定额比例计算类内各种产品成本

二、按"系数"计算类内各种产品成本
第三节　副产品计算 *
〈教学重点〉
1. 分类法计算实例
2. 分类法的特点

第八章　标准成本法

〈教学目的〉
1. 了解标准成本法的特点与作用
2. 明确标准成本的含义、分类与成本差异的组成内容
3. 会进行直接材料成本差异、直接人工成本差异和制造费用差异的计算与分析
4. 了解成本差异产生的有关原因

〈教学内容〉
第一节　标准成本法概述
　　一、标准成本法特点
　　二、标准成本分类与作用
　　三、标准成本制定
　　四、成本差异形成及其内容
第二节　直接材料成本差异计算分析
第三节　直接人工成本差异计算分析
第四节　制造费用差异计算分析
　　一、变动制造费用差异计算分析
　　二、固定制造费用差异计算分析
第五节　成本差异汇总及其账务处理 *
　　一、成本差异汇总
　　二、标准成本法核算应当增设的会计科目

三、成本差异的账务处理

〈教学重点〉

1. 标准成本的含义
2. 标准成本法的特点
3. 成本差异九因素的计算分析

第九章 变动成本法

〈教学目的〉

1. 了解变动成本法的概念与完全成本法的区别
2. 明确固定成本、变动成本的特点
3. 熟悉变动成本法的计算
4. 了解各种成本计算方法的综合应用

〈教学内容〉

第一节 变动成本法概述

  一、变动成本法的概念与特点

  二、总成本习性

  三、变动成本法与完全成本法的区别

第二节 变动成本法计算

  一、混合成本分解

  二、变动成本法计算实例

第三节 变动成本法与完全成本法的优缺点 *

  一、在利润与产销量方面

  二、在成本控制与业绩评价方面

  三、在产品定价、计税和对外报告方面

  四、在决策分析方面

第四节 成本计算方法的综合应用 *

  一、几种成本计算方法同时应用

二、几种成本计算方法结合应用

〈教学重点〉

1. 固定成本、变动成本的概念与特点
2. 总成本习性
3. 变动成本法的计算

第十章 作业成本法*

〈教学目的〉

1. 了解作业、作业成本法的涵义及其作用
2. 明确资源、作业与作业成本之间的关系
3. 熟悉作业成本法的计算原理与计算方法
4. 会进行作业成本法下的费用分配

〈教学内容〉

第一节 作业成本法概述

  一、作业成本法的目的

  二、作业与作业成本

  三、作业链和价值链

第二节 作业成本法基本原理

  一、作业成本法的理论依据

  二、作业成本法与传统成本法的区别

第三节 作业成本法核算程序

  一、确定成本对象

  二、确定直接成本的类别

  三、分析作业和成本动因,明确作业中心,确定间接成本集合(成本库)

  四、按照作业中心和成本集合登记作业账户,分配作业成本

  五、采用预算分配率时,对已分配作业成本的调整

第四节 作业成本法主要特点

　　一、作业成本法把着眼点放在作业上

　　二、作业成本法要求建立作业中心和成本库

　　三、作业成本法有利于分清经济责任

〈教学重点〉

1. 作业成本法的概念与基本原理

2. 成本动因的概念与分类

3. 作业成本法下有关费用分配率和分配表的具体编制方法

第十一章　商品流通企业成本 *

〈教学目的〉

1. 了解商品流通企业成本以及商品流通费的分类及其各自包括的核算内容

2. 明确商品销售成本的核算方法

3. 会根据不同的存货计价方法编制库存商品明细账,并说明其优缺点与适用范围

4. 熟悉采用数量进价金额核算和售价金额核算的方法,能进行有关的账务处理

〈教学内容〉

第一节　商品流通企业成本核算概述

　　一、商品流通企业成本核算内容

　　二、商品流通企业成本分类

　　三、库存商品核算方法

第二节　按进价核算商品成本

　　一、正确核算商品销售成本的前提

　　二、先进先出法

　　三、后进先出法

四、加权平均法
　　五、移动加权平均法
　　六、个别计价法
　　七、毛利率法
　　八、账务处理
第三节　按售价核算商品成本
　　一、售价金额核算法特点
　　二、售价金额核算方法
〈教学重点〉
1. 数量进价金额核算法
2. 先进先出法、后进先出法、加权平均法
3. 售价金额核算法
4. 毛利率法的核算

第十二章　成本费用控制

〈教学目的〉
1. 了解成本费用控制的概念、范围与质量成本控制的内容
2. 明确成本预算约束的规范要求
3. 掌握成本费用控制要点与控制流程
4. 会进行成本费用审查与成本费用控制制度的设计
〈教学内容〉
第一节　成本控制概述
　　一、成本费用控制的概念与范围
　　二、成本费用失控现状
　　三、成本费用控制目标
　　四、成本费用控制要点
第二节　成本预算约束

一、成本预算与规划

二、费用归口分级管理

三、目标成本与成本约束

第三节 质量成本控制 *

一、质量成本的涵义

二、质量成本分析与控制

第四节 成本费用控制流程 *

一、生产计划与成本预算控制流程

二、成本核算控制流程

三、存货保管控制流程

四、存货发放控制流程

五、存货盘点控制流程

六、工薪和人事控制流程

第五节 成本费用审查 *

一、主营业务成本审查

二、直接材料审查

三、直接人工审查

四、制造费用审查

五、期间费用审查

〈教学重点〉

1. 成本费用控制目标与控制要点
2. 费用归口分级管理的具体要求
3. 质量成本的涵义与分类

第十三章 责任成本

〈教学目的〉

1. 了解责任成本的概念与作用

2. 明确成本中心的概念与特点
3. 掌握可控成本的概念与特点
4. 会编制责任预算与责任报告,进行责任考核

〈教学内容〉

第一节 责任成本概述
    一、责任成本制度的概念与作用
    二、成本中心的概念与特点
    三、可控成本与责任成本

第二节 责任预算 *
    一、责任预算的概念与作用
    二、责任预算编制
    三、内部责任结算

第三节 信息反馈与责任报告 *
    一、信息反馈系统
    二、责任会计核算方法
    三、责任报告

第四节 成本费用控制报告 *
    一、控制报告目的
    二、控制报告内容
    三、控制报告要求
    四、差异调查
    五、奖励与惩罚
    六、纠正偏差

〈教学重点〉

1. 成本中心的概念与特点
2. 可控成本与责任成本的概念与辨析
3. 责任预算与责任报告的编制方法
4. 成本中心的主要考核指标

第十四章 成本会计报表与分析

〈教学目的〉

1. 了解成本会计报表的概念、种类、编制要求与分析要求

2. 学会编制有关成本会计报表

3. 能够对可比产品成本降低率、降低额、主要产品单位成本以及有关成本指标进行计算与分析

〈教学内容〉

第一节 成本会计报表概述

　一、成本会计报表概念

　二、成本会计报表分类

　三、成本会计报表作用

　四、成本会计报表编制要求

　五、成本会计报表分析方法

　六、成本分析应当注意的问题

第二节 商品产品成本表与分析

　一、商品产品成本表的内容

　二、商品产品成本表反映的主要成本指标

　三、商品产品成本表分析

第三节 主要产品单位成本表与分析

　一、主要产品单位成本表的内容

　二、主要产品单位成本表反映的主要成本指标

　三、主要产品单位成本表分析

第四节 制造费用明细表与分析 *

　一、制造费用明细表的内容

　二、制造费用明细表的分析与评价

第五节 期间费用明细表与分析 *

一、期间费用明细表的内容
  二、期间费用明细表的分析与评价
第六节 生产费用表与分析 *
  一、生产费用总评价与分析
  二、生产费用结构分析
  三、生产费用利用效果分析
  四、成本费用利润率分析
第七节 其他内部成本报表 *
  一、生产情况表
  二、材料成本考核表
  三、人工成本情况表
  四、费用预算执行情况表
〈教学重点〉
1. 成本报表的概念、作用与编制要求
2. 成本分析的方法以及应当注意的问题
3. 商品产品成本表、主要产品单位成本表的编制与分析
4. 百元产值费用率与成本费用利润率的分析
(以上打 * 的章节可作为中等职业技术教学时选学的内容)

【四、实践教学】

1. 成本会计是一门实践性较强的教学课程,为了提高学员的实际动手操作能力,一般应当安排 20% 左右课时用于实践性环节的教学。

2. 应培养学员熟练地掌握成本费用的分类、包括的相关内容,具有合理划分有关成本费用类别的能力,使学员会根据有关经济业务正确划清成本费用的列支渠道,并正确编制相关的会计分录,做到借贷平衡。

3. 熟悉企业的生产组织形式与生产加工方式,直观地介绍有关生产加工与产品制造过程,增强有关现场生产管理方面的感性认识,是有

效地理解成本会计核算与控制的重要条件之一。

4. 成本核算与成本控制应当同时并举。在教学过程中,不仅要教会学员怎样进行成本核算,还应当注意教会学员怎样进行成本控制,让学员增强有关开源节流、增收节支方面的认识。

5. 从成本会计的第一份作业起,应培养学员仔细、认真、一丝不苟的会计习惯,按规范要求开设账户、编制与审核会计凭证、登记账簿、过账、结账、对账。为此,应配备一套与成本会计教学相适应的习题集,教会学员循序渐进地、认真地完成每一份作业,并应按规定的会计方法进行差错更正。

6. 应教会学员编制和分析有关成本会计报表,注意报表项目之间的勾稽关系及其核对,认识到分析成本费用信息的重要性。

二、成本会计习题

第一章 概 论

习 题 1

练习费用的划分与汇总

姓名	
成绩	

作业日期＿＿＿年＿＿＿月＿＿＿日

（一）**资料** 某公司某月发生有关费用等支出资料如图表 1-1 所示。

图表 1-1

费用支出资料

有关发生的经济业务	制造成本	期间费用			营业外收支		资本性支出
		销售费用	管理费用	财务费用	营业外收入	营业外支出	
1. 支付生产人员工资 30 000 元							
2. 支付广告费 3 800 元							
3. 经理出差报销差旅费 420 元							
4. 产品直接领料 60 000 元							
5. 支付生产工人奖金 4 200 元							
6. 支付银行借款利息 1 120 元							
7. 发放行政人员津贴 6 500 元							
8. 财务科购买电脑 1 台 8 400 元							

（续表）

有关发生的经济业务	制造成本	期间费用			营业外收支		资本性支出
		销售费用	管理费用	财务费用	营业外收入	营业外支出	
9. 支付银行手续费 20 元				20			
10. 支付印花税 50 元			50				
11. 罚款收入 400 元					400		
12. 公益性救济捐赠 5 000 元						5 000	
13. 支付车间保险费用 650 元	650						
14. 车间机器设备修理费 1 200 元	1 200						
15. 出售固定资产净收益 1 280 元					1 280		
16. 固定资产盘亏损失 2 000 元						2 000	
17. 购买专用车床 2 台计 88 400 元							88 400
18. 支付销售机构办公费 4 200 元		4 200					
19. 在建工程领用材料 7 200 元							7 200
20. 购入专利权一项 51 000 元							51 000
合　　计	1 850	4 200	50	20	1 680	7 000	146 600

（二）**要求**　按划分费用的要求填列上表相关专栏，并求出合计数。

第二章 生产费用归集与分配

习 题 2

练习材料费用分配

作业日期＿＿＿＿年＿＿＿＿月＿＿＿＿日

姓名	
成绩	

(一) 资料 海宏公司生产车间 2008 年 1 月份生产 M、N 两种产品,共同领用丙材料 46 230 千克,每千克 8 元,共计 369 840 元。M 产品本月实际生产产品 5 500 件,单位消耗定额 4.2 千克;N 产品本月实际生产产品 4 750 件,单位消耗定额 3.6 千克。

(二) 要求 按定额耗用量比例分配法编制材料费用分配表如图表 2-1 所示。并根据分配表作有关的会计分录。

图表 2-1

共同耗用材料费用分配表

2008 年 1 月

产品名称	产量（件）	单位消耗定额（千克）	定额耗用量（千克）	分配率	应分配材料数量（千克）	材料费用	
						单价（元）	金额（元）
M 产品							
N 产品							
合计							

会计分录：

习 题 3

练习材料费用核算

姓名　　　　
成绩　　　　

作业日期＿＿＿年＿＿＿月＿＿＿日

(一) 资料 宏光公司 2008 年 2 月编制的"耗用材料分配汇总表"如图表 2-2 所示。

图表 2-2

耗用材料分配汇总表

单位：宏光公司　　　　2008 年 2 月　　　　单位：元

应借账户		原材料			辅助材料	修理用备件	合计
		原料及主要材料					
一级	二级或明细	直接耗用	间接分配	小计			
生产成本	基本生产成本（M产品）	21 252	4 358	25 610			
	基本生产成本（N产品）	15 732	788	16 520			
	辅助生产成本（供气车间）				2 818	2 058	
	辅助生产成本（供电车间）				3 063	9 008	
制造费用	第一车间				6 241	588	
	第二车间				4 170	1 237	
管理费用					588	1 784	
合计							

(二) 要求 填齐上表合计数，并根据以上资料编制会计分录。

二、成本会计习题　23

习 题 4

练习待摊费用和预提费用核算

姓 名	
成 绩	

作业日期＿＿＿年＿＿＿月＿＿＿日

（一）资料　某公司2008年3月份发生的部分经济业务情况如下：

1. 公司预提本月份短期借款利息2 600元。
2. 公司以银行存款支付下一季度租赁费9 600元。
3. 公司摊销应由本月份负担的租赁费用3 200元。
4. 公司从银行结算账户中划转支付本季度银行借款利息7 800元（已全部预提）。
5. 公司以银行存款支付第二季度的保险费4 800元。
6. 公司分摊应由本月负担的保险费1 420元。
7. 公司摊销本月份无形资产价值1 650元。

（二）要求　根据以上经济业务，编制有关会计分录。

会计分录：

习 题 5

练习辅助生产分配方法(一)

姓名	
成绩	

作业日期_____年_____月_____日

(一) 资料 某公司设有供电、修理两个辅助生产车间,2008年4月份直接发生费用29 200元,其中供电车间16 200元、修理车间13 000元。这两个辅助生产车间提供的产品(或劳务)数量如图表2-3所示。

图表 2-3

辅助生产车间提供的产品(或劳务)数量表

受益的产品、车间或部门	供电车间(度)	修理车间(工时)
供电车间	—	1 200
修理车间	1 000	—
A产品	35 000	
B产品	38 000	
基本生产车间	2 000	1 500
公司行政管理部门	5 000	2 500
合　计	81 000	5 200

(二) 要求 根据上列资料,采用直接分配法和一次交互分配法分别编制"辅助生产费用分配表"如图表2-4,图表2-5所示,并分别作有关的会计分录。

图表 2-4

辅助生产费用分配表
(直接分配法)
2008年4月　　　　　　　　　金额单位:元

项　目	供　电　车　间			修　理　车　间			合　计
	数量(度)	分配率	金额	数量(工时)	分配率	金额	
A产品							
B产品							

(续表)

项 目	供 电 车 间			修 理 车 间			合 计
	数量(度)	分配率	金额	数量(工时)	分配率	金额	
基本生产车间							
公司行政管理部门							
合 计							

供电车间费用分配率＝

修理车间费用分配率＝

会计分录：

图表 2-5

辅助生产费用分配表
（一次交互分配法）

2008 年 4 月　　　　　　　　金额单位：元

项 目		供 电 车 间			修 理 车 间			合 计
		数量(度)	分配率	金额	数量(工时)	分配率	金额	
	交互分配前							
交互分配	供电车间							
	修理车间							
	交互分配后							
对外分配	A产品							
	B产品							
	基本生产车间							
	公司行政管理部门							
	合 计							

会计分录：

习 题 6

练习辅助生产分配方法(二)

姓名	
成绩	

作业日期_____年_____月_____日

(一) 资料 顺昌公司设有供电、运输两个辅助生产车间,2008年1月份发生辅助生产费用67 160元,其中供电车间31 160元、运输车间36 000元。这两个辅助生产车间提供的劳务数量如图表2-6所示。

图表2-6

辅助生产车间提供劳务数量表

辅助生产车间	计量单位	供电车间	运输车间	各车间(产品)、部门的受益数量			管理部门	合计	
				一 车 间		二车间			
				#101	#201	车间用	车间用	数 量	金额(元)
供电车间	度		5 000	19 000	33 000	8 200	12 000	4 800	82 000	31 160
运输车间	吨公里	4 000				7 000	7 200	1 800	20 000	36 000

(二) 要求

1. 根据上列资料,采用直接分配法和一次交互分配法分别编制"辅助生产费用分配表"如图表2-7、图表2-8所示,并分别作有关的会计分录。

图表2-7

辅助生产费用分配表
(直接分配法)
2008年1月

辅助生产车间	应分配费用总额(元)	提供产品或劳务总量(度、吨公里)	分配率	各受益车间(产品)、部门受益数量						管理部门	
				一 车 间				二车间			
				#101产品		#201产品		车间用		车间用	
				数量	金额	数量	金额	数量	金额	数量	金额	数量	金额
供电车间	31 160	77 000									
运输车间	36 000	16 000									

会计分录：

图表 2-8

辅助生产费用分配表

（一次交互分配法）

2008 年 1 月

项目		供电车间			运输车间			合计
		数量（度）	分配率	金额（元）	数量（吨公里）	分配率	金额（元）	
交互分配前								
交互分配	供电车间							
	运输车间							
交互分配后								
对外分配	#101产品							
	#102产品							
	一车间							
	二车间							
	管理部门							
	合计							

会计分录：

2. 试比较说明直接分配法和一次交互分配法的优缺点。

习 题 7

练习制造费用核算

姓 名	
成 绩	

作业日期_____年_____月_____日

（一）资料 兴隆公司有两个生产车间，第一车间生产 A、B 两种产品，共发生制造费用 8 400 元；第二车间生产 C 产品，发生制造费用 4 800 元。三种产品生产实际耗用生产工时统计资料如图表 2-9 所示。

图表 2-9

生产工时统计表

2008 年 1 月

项　　　目	实际耗用工时（小时）
A 产品	100 000
B 产品	20 000
小　计	120 000
C 产品	60 000
合　　计	180 000

（二）要求 根据上述资料，编制制造费用分配明细表如图表 2-10 所示，并作出有关会计分录。

图表 2-10

制造费用分配明细表

单位：兴隆公司　　　　2008 年 1 月

应 借 科 目		生产工时（小时）	分 配 率	分配金额（元）
生产成本——基本生产成本	A 产品			
	B 产品			
	小　计			
	C 产品			
	合　计			

会计分录：

习 题 8

练习废品损失核算

姓名	
成绩	

作业日期_____年_____月_____日

（一）资料 海南公司加工车间生产 A 产品，共计 5 000 件，其中合格品为 4 950 件，生产过程中发现不可修复废品 50 件。合格品和废品共发生生产工时 30 000 小时，其中废品生产为 270 小时。合格品和废品共发生费用为：直接材料 100 000 元，直接人工 24 000 元，制造费用 42 000 元，废品残料回收价值为 500 元。导致废品的原因是生产工人责任心不强，由过失人赔款 250 元。原材料在生产开始时一次投入。直接材料按照合格品产量和废品数量的比例分配，其他费用按照生产工人工时比例分配。

（二）要求

1. 根据上述资料编制"废品损失计算表"（见图表 2-11）。

图表 2-11

废品损失计算表

车间：加工　　　　　2008 年 1 月　　　　　产品：A 产品

项目	数量（件）	直接材料（元）	生产工时（小时）	直接人工（元）	制造费用（元）	合计
费用总额						
分配率						
废品成本						
减：残值						
废品报废损失						
减：应收赔款						
废品净损失						

会计分录：

2. 编制有关废品损失的会计分录。

习 题 9

练习废品损失费用分配

作业日期_____年_____月_____日

姓 名	
成 绩	

(一) 资料　新华公司本月在验收入库时发现 A 产品中有 8 件可修复废品，当即将该 8 件可修复废品退回车间进行修复。8 件可修复废品的修复费用为：直接材料 800 元，修复废品耗用 50 工时，本月生产工人工资分配率为 2.0 元/工时，制造费用分配率为 1.5 元/工时。

(二) 要求　根据上述资料作出有关的会计分录。

习 题 10

练习填制废品损失计算表

姓 名	
成 绩	

作业日期＿＿＿＿年＿＿＿＿月＿＿＿＿日

（一）资料　时代公司2008年2月有关甲产品的资料如图表2-12所示。

图表2-12

有关甲产品资料

项　目	原材料（元）	生产工人工时（小时）	工资及福利费（元）	制造费用（元）
甲产品生产耗用	66 040	2 000	10 600	8 000
其中:修复废品耗用	600	20		

时代公司本月完工入库甲产品500件，其中可修复废品有10件，另在生产过程中发现不可修复废品20件。本月无期初、期末在产品。

不可修复废品的成本按定额成本计算。甲产品单位定额成本为：直接材料120元，工时定额3小时。

不可修复废品回收残值单件50元，应收过失人赔款600元。

（二）要求

1. 根据上述资料作出有关废品核算的会计分录。
2. 编制"废品损失计算表"（见图表2-13）。

图表2-13

废品损失计算表

生产部门：××车间　　　2008年2月　　　产品名称：甲产品

项　目	数量（件）	原材料（元）	生产工时（小时）	直接人工（元）	制造费用（元）	合　计
完工产品						
分配率						
废品						

(续表)

项 目	数量(件)	原材料(元)	生产工时(小时)	直接人工(元)	制造费用(元)	合 计
其中:不可修复废品						
可修复废品						
废品成本						
减:残值						
废品报废损失						
减:应收赔款						
废品净损失						

会计分录:

习 题 11

练习停工损失核算

姓名	
成绩	

作业日期_____年_____月_____日

（一）资料　光大公司 2008 年 6 月份第一车间停工期间发生的费用如下：燃料及动力费用 300 元，生产工人工资费用 1 500 元，车间管理部门发生费用 700 元。

（二）要求

1. 根据上述资料编制有关停工损失的会计分录。

2. 假定上述资料为季节性生产企业停工期间的费用，试编制有关会计分录。

3. 假定因自然灾害造成停工，并且可向保险公司索赔 1 000 元，请作出相关的会计分录。

习 题 12

练习费用的归集与分配

姓名	
成绩	

作业日期_____年_____月_____日

(一) 资料 某企业设有两个基本生产车间,第一车间生产♯101产品,第二车间生产♯202产品。另有供电和供气两个辅助生产车间。2008年2月发生以下有关经济业务如下:

1. 根据"发料凭证汇总表"(见图表2-14)进行材料费用的分配。

图表2-14

发料凭证汇总表

2008年2月　　　　　　　　　　　　单位:元

产品车间(或部门)	原　料	辅　料	备品备件	合　计
♯101产品直接耗用	84 000			84 000
♯202产品直接耗用	120 000			120 000
第一车间一般消耗		1 000	2 500	3 500
第二车间一般消耗		1 200	1 800	3 000
供电车间耗用			21 000	21 000
供气车间耗用		800	4 500	5 300
公司管理部门用		500	7 000	7 500
合　　计	204 000	3 500	36 800	244 300

2. 根据"工资结算汇总表"(见图表2-15)进行工资分配。

图表 2-15

工资费用汇总表

2008年2月　　　　　　　　　　　单位：元

人员	直接工资	工资性支出
第一车间生产工人	25 800	3 612
第一车间管理人员	3 800	532
第二车间生产工人	24 200	3 388
第二车间管理人员	3 000	420
供电车间人员	9 000	1 260
供气车间人员	11 000	1 540
公司行政管理部门人员	24 000	3 360
合　　计	100 800	14 112

3. 计提本月份固定资产折旧14 400元，其中第一车间负担3 000元、第二车间负担3 400元、供电车间负担1 500元、供气车间负担2 500元、公司本部行政管理部门负担4 000元。

4. 摊销本月应负担的仓库租金1 270元，其中第一车间300元、第二车间250元、供电车间120元、供气车间100元、公司本部行政管理部门500元。

5. 以银行存款支付办公费2 400元，其中第一车间负担500元、第二车间负担400元、供电车间负担300元、供气车间负担200元、公司本部行政管理部门负担1 000元。

6. 预提设备租赁费4 500元，其中第一车间负担850元、第二车间负担950元、供电车间负担1 300元、供气车间负担1 200元、公司本部行政管理部门负担200元。

7. 以银行存款支付本月水费1 600元，其中第一车间负担160元、第二车间负担140元、供电车间负担300元、供气车间负担200元、公司本部行政管理部门负担800元。

8. 以银行存款支付其他费用 720 元,其中第一车间负担 45 元、第二车间负担 95 元、供电车间负担 360 元、供气车间负担 40 元、公司本部行政管理部门负担 180 元。

9. 按直接分配法要求,分配辅助生产费用(见图表 2-16)。

图表 2-16

辅助生产费用分配表

2008 年 2 月　　　　　　　　　　　　　单位:元

项　　目	供　电　车　间			供　气　车　间			合　计
	数　量	分配率	金　额	数　量	分配率	金　额	
#101 产品	60 000						
#202 产品	55 000						
第一车间	8 000			4 000			
第二车间	7 560			4 500			
公司行政管理部门	10 000			2 540			
合　计	140 560			11 040			

10. 结转产品成本应负担的制造费用。

(二)要求　根据上述资料,按生产费用计入产品成本的程序,编制有关的分配表(见图表 2-16)和会计分录,登记有关的明细账(见图表 2-17)。

图表 2-17

生产成本——辅助生产成本(供电)　　生产成本——辅助生产成本(供气)

制造费用——第一车间　　　　　　　制造费用——第二车间

会计分录:

第三章 完工产品与在产品的分配方法

习 题 13

练习约当产量法(一)

姓 名	
成 绩	

作业日期_____年_____月_____日

(一)资料 大江公司2008年1月生产♯201和♯301产品。♯201产品经过三道工序加工制成,原材料系一次投入,各道工序的完工程度均为50%。本月完工800件,在产品数量为200件。有关工时定额、各道工序在产品数量资料如图表3-1所示。

图表3-1

各道工序工时定额和在产品数量

产品名称:♯201产品

工 序	工时定额(工时)	在产品数量(件)
1	320	60
2	280	80
3	200	60
合 计	800	200

♯301产品系逐步投料,逐步加工,本月份完工2 350件,期末在产品750件,在产品完工程度为60%。301产品的有关成本资料如图表3-2所示。

图表3-2

基本生产成本明细账

在产品:
完工产量:
产品名称:♯301 2008年1月 完工率:

摘 要	直接材料	直接工资	制造费用	合 计
费用合计	44 800	28 560	7 056	80 416
完工产品总成本				

(续表)

摘　　要	直接材料	直接工资	制造费用	合　　计
月末在产品成本				
产成品单位成本				

(二) 要求

1. 采用约当产量法填写以下表格（见图表 3-3）。

图表 3-3

完工程度和约当产量计算表

产品名称：♯201 产品

工　序	工时定额	完　工　程　度	在产品数量	约当产量
1				
2				
3				
合　计				

2. 按约当产量法计算♯301 产品的成本，并编制完工产品入库的会计分录。

习 题 14

练习约当产量法(二)

姓名	
成绩	

作业日期_____年_____月_____日

(一) 资料 某企业大量生产甲产品,分三个车间顺序加工,产品生产耗用的直接材料是在第一车间生产开始时一次投入。成本管理上不要求分车间计算半成品成本,只计算甲产品成本。2008年2月完工产量为1 500件,月末在产品数量和单件产品工时定额以及该产品月初在产品成本和本月生产费用如下:

1. 在产品数量和工时定额:

车间	在产品数量(件)	工时定额(小时)
第一车间	200	12
第二车间	200	4
第三车间	100	4
合计	500	20

在产品在各车间的完工程度均为50%。

2. 月初在产品成本和本月生产费用:

月初在产品成本:直接材料32 000元、直接工资12 770元、制造费用9 130元。

本月产品费用:直接材料124 000元、直接工资79 980元、制造费用62 620元。

(二) 要求

(1) 按上述资料计算甲产品月末在产品约当产量(见图表3-4)。

(2) 按约当产量比例法分配计算甲产品完工产品成本和月末在产品成本(见图表3-5)。

(3) 编制产成品入库的会计分录。

图表 3-4

在产品约当产量计算表

产品名称：　　　　　　　　2008 年 2 月

车　　间	工时定额	在产品数量（件）	完工率计算（列出算式）	在产品约当产量（件）
第一车间				
第二车间				
第三车间				
合　　计				

图表 3-5

产品成本计算单

完工产量：

产品名称：　　　　　　　　2008 年 2 月　　　　　　单位：元

摘　　要	直接材料	直接工资	制造费用	合　计
月初在产品成本				
本月产品费用				
费用合计				
单位成本（分配率）				
完工产品成本				
月末在产品成本				

完工产品入库会计分录：

习 题 15

练习定额比例法

作业日期____年____月____日

姓名	
成绩	

（一）**资料** 西湖公司大量生产乙产品，由于月末在产品数量变动较大但有比较准确的消耗定额，因此，采用定额比例法将产品费用在完工产品和在产品之间进行分配。材料随生产过程陆续投入，原材料费用按定额消耗量比例分配，其他费用按定额工时比例分配。

1. 定额资料如图表 3-6 所示。

图表 3-6

产 品 定 额 表

项 目	产 量	材料消耗定额（千克）	定额工时（小时）
完工产品	1 000	4	60
在产品	400	2	40

2. 产品费用资料如图表 3-7 所示。

图表 3-7

产 品 费 用 表

单位：元

项 目	直接材料	直接人工	制造费用	合 计
期初在产品成本	8 400	5 040	2 300	15 740
本期发生费用	54 000	13 200	6 060	73 260
合 计	62 400	18 240	8 360	89 000

（二）**要求** 根据资料计算完工产品成本和在产品成本，并做完工

产品成本入库会计分录。

1. 直接材料定额耗用量:

    完工产品＝

    在产品＝

2. 工时定额耗用量:

    完工产品＝

    在产品＝

3. 计算分配率:

    直接材料分配率＝

    直接人工分配率＝

    制造费用分配率＝

4. 计算完工产品实际成本:

    直接材料成本＝

    直接人工成本＝

    制造费用成本＝

      合 计

5. 计算月末在产品实际成本:

    直接材料成本＝

    直接人工成本＝

    制造费用成本＝

      合 计

6. 完工产品入库会计分录:

习 题 16

练习定额成本法

姓名	
成绩	

作业日期_____年_____月_____日

（一）资料　大泽公司 2008 年 3 月份生产 N 产品，本月完工产品产量 3 000 件，期末在产品数量 400 件，期初在产品成本为 41 140 元，本期发生费用 202 000 元，原材料一次投入，在产品单件定额工时为 10 小时。产品单件定额如图表 3-8 所示。

图表 3-8

产品单件定额表

单位：元

直接材料定额成本	定额（工时计划分配率）	
	直接工资	制造费用
42	0.13	0.026

（二）要求　根据资料计算期末在产品、产成品生产成本如下：

1. 期末在产品成本：

　　直接材料成本＝

　　直接人工成本＝

　　制造费用成本＝

　　　合　计

2. 产成品生产成本：

　　完工产品成本＝

　　完工产品单位成本＝

习 题 17

练习完工产品与在产品的费用分配

姓名	
成绩	

作业日期_____年_____月_____日

（一）资料　某企业第一生产车间生产 A 产品，原材料是一次投入。2008 年 3 月份生产该产品归集的费用：直接材料 22 725 元，直接工资 2 754 元，制造费用 3 706 元。该产品材料消耗定额为 25 千克，材料计划单价为 2 元；单位产品工时定额为 8 小时，小时计划单价直接工资为 0.80 元，制造费用为 1.10 元。本月完工 A 产品 400 件，在产品数量为 50 件，完工率为 50%。

（二）要求

1. 按"在产品按定额成本计价"的方法，计算完工产品成本和月末在产品成本（见图表 3-9），并作产成品入库的会计分录。

2. 按"定额比例法"（定额消耗量比例或定额费用比例）计算完工产品成本和月末在产品成本（见图表 3-10），并作产成品入库的会计分录。

图表 3-9

基本生产成本明细账

在产品：
完工产量：

产品名称：　　　　　　2008 年 3 月　　　　　完工率：

摘　　要	直接材料	直接工资	制造费用	合　计
费用合计				
完工产品总成本				
月末在产品定额成本				
产成品单位成本				

产成品入库会计分录：

图表 3-10

基本生产成本明细账

在产品：
完工产量：

产品名称：　　　　　　2008 年 3 月　　　　　完工率：

摘　　要		直接材料	直接工资	制造费用	合　　计
费用合计					
分配率					
完工产品	定额				
	实际成本				
在产品	定额				
	实际成本				

产成品入库会计分录：

习 题 18

综合练习生产费用的归集与分配

作业日期＿＿＿年＿＿＿月＿＿＿日

姓 名	
成 绩	

（一）资料 某企业设有两个基本生产车间，第一车间生产甲产品，原材料在生产开始时一次投入；第二车间生产乙产品，原材料随加工程度逐步投入。另有供水和机修两个辅助生产车间。2008年5月份发生以下有关业务。

1. 根据"发料凭证汇总表"（见图表3-11）进行材料费用的分配。

图表3-11

发料凭证汇总表

2008年5月　　　　　　　　金额单位：元

产品车间（或部门）	原 料	辅 料	备品备件	燃 料	合 计
甲产品直接耗用	64 000				64 000
乙产品直接耗用	100 000				100 000
第一车间一般消耗		2 500	3 500		6 000
第二车间一般消耗		800	1 800		2 600
供水车间耗用		500	500	15 000	16 000
机修车间耗用		1 000	4 500		5 500
公司管理部门用		700	2 000	3 200	5 900
合　　计	164 000	5 500	12 300	18 200	200 000

生产成本——辅助生产成本（供水）　　　生产成本——辅助生产成本（机修）

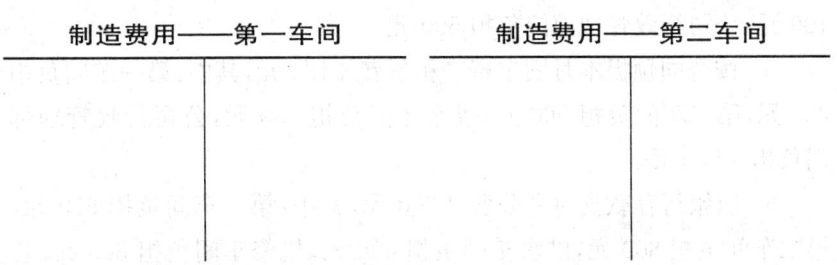

2. 根据"工资结算汇总表"(见图表 3-12)进行工资分配。

图表 3-12

工资结算汇总表

2008 年 5 月 单位：元

人员	工资	工资性支出
第一车间生产工人	15 800	2 212
第一车间管理人员	3 000	420
第二车间生产工人	14 200	1 988
第二车间管理人员	2 800	392
供水车间人员	8 000	1 120
机修车间人员	12 000	1 680
公司管理部门人员	25 000	3 500
合计	80 800	11 312

3. 计提本月份固定资产折旧 12 400 元,其中:第一车间负担 2 000 元,第二车间负担 2 400 元,供水车间负担 1 500 元,机修车间负担 2 500 元,公司行政管理部门负担 4 000 元。

4. 摊销本月应负担的财产物资保险费 1 170 元,其中:第一车间负担 200 元,第二车间负担 250 元,供水车间负担 120 元,机修车间负担

100元,公司行政管理部门负担500元。

5. 按合同预提本月固定资产租赁费4 190元,其中:第一车间负担800元,第二车间负担960元,供水车间负担830元,公司行政管理部门负担1 600元。

6. 以银行存款支付办公费3 300元,其中:第一车间负担600元,第二车间负担800元,供水车间负担400元,机修车间负担300元,公司行政管理部门负担1 200元。

7. 以银行存款支付外购动力费用1 710元,其中:第一车间负担150元,第二车间负担250元,供水车间负担450元,机修车间负担100元,公司行政管理部门负担760元。

8. 以银行存款支付其他费用708元,其中:第一车间负担30元,第二车间负担98元,供水车间负担560元,机修车间负担20元。

9. 按直接分配法要求,分配辅助生产费用(见图表3-13)。

图表3-13

辅助生产费用分配表

2008年5月

项 目	供水车间			机修车间			合 计
	数 量（件）	分配率	金 额（元）	数 量（件）	分配率	金 额（元）	
甲产品	50 000						
乙产品	45 000						
第一车间	6 000			4 000			
第二车间	7 000			5 000			
公司管理部门	18 000			1 000			
合 计	126 000			10 000			

10. 结转产品成本应负担的制造费用。

11. 按约当产量比例法分配计算甲、乙两种产品的完工产品成本和月末在产品成本(见图表3-14,图表3-15)。

图表3-14

基本生产成本明细账

在产品:200件
完工产量:500件

产品名称:甲产品　　　　2008年5月　　　完工率:50%

摘　　要	直接材料	直接工资	制造费用	合　　计
月初在产品成本	29 500	1 188	1 374	32 062
本月产品费用				
费用合计				
单位成本(分配率)				
完工产品成本				
月末在产品成本				

图表3-15

基本生产成本明细账

在产品:500件
完工产量:700件

产品名称:乙产品　　　　2008年5月　　　完工率:60%

摘　　要	直接材料	直接工资	制造费用	合　　计
月初在产品成本	29 650	2 812	1 740	34 202
本月产品费用				
费用合计				
单位成本(分配率)				
完工产品成本				
月末在产品成本				

(二)**要求**　根据上述资料,按费用计入产品成本的程序,编制有关的分配表和会计分录,登记有关的明细账。

第四章 品 种 法

习 题 19

练习品种法

姓名	
成绩	

作业日期＿＿＿年＿＿＿月＿＿＿日

（一）资料 海光公司 2008 年 1 月份生产 A、B 两种产品。A 产品系一次投料、逐步加工，本月份完工 2 480 件，期末在产品 700 件，在产品完工程度为 60％；B 产品系分次投料、逐步加工，本月份完工 1 406 件，期末在产品 420 件，在产品完工程度为 70％。A、B 产品的有关成本资料如图表 4-1、图表 4-2 所示。

图表 4-1

产品成本计算单

产品名称：A 产品　　　　　　　　　　完工产量：2 480 件

在 产 品：700 件　　　2008 年 1 月　　完工率：60％

　　　　　　　　　　　　　　　　　　单位：元

摘　　要	直接材料	直接工资	制造费用	合　　计
月初在产品成品	23 450	12 180	4 560	40 190
本月产品费用	69 406	28 420	12 840	110 666
费用合计				
单位成本（分配率）				
完工产品成本				
月末在产品成本				

图表 4-2

产品成本计算单

产品名称：B产品　　　　　　　　　　　　　完工产量：1 406 件
在　产　品：420 件　　　2008 年 1 月　　　完工率：70%
　　　　　　　　　　　　　　　　　　　　　单位：元

摘　　要	直接材料	直接工资	制造费用	合　计
月初在产品成本	17 084	2 460	4 566	24 110
本月产品费用	34 341	11 650	13 029	59 020
费用合计				
单位成本(分配率)				
完工产品成本				
月末在产品成本				

(二) 要求

1. 填表计算本月完工产品成本及在产品成本。
2. 作 A、B 产品完工入库的会计分录。

A 产品完工入库的会计分录：

B 产品完工入库的会计分录：

习 题 20

练习产品成本核算

姓 名	
成 绩	

作业日期_____年_____月_____日

(一) 资料 前进公司生产 A 产品,月末在产品只计算原材料费用。月初在产品成本为 4 024 元,本月发生原材料费用为 14 000 元,发生工资及制造费用等共计 1 680 元;本月完工产品 200 件,月末在产品 40 件。原材料是在生产开始时一次投入的。

(二) 要求

1. 计算该月完工产品成本及月末在产品成本。
2. 作 A 产品完工的会计分录。

习 题 21

练习约当产量法与品种法

姓 名	
成 绩	

作业日期＿＿＿＿年＿＿＿＿月＿＿＿＿日

(一) 资料 海南公司大量生产 A 产品,分三个车间顺序加工,产品生产耗用的直接材料在开始生产的第一车间一次投入。成本管理上不要求计算各车间的半成品成本,成本计算采用品种法。2008 年 2 月份完工产量为 2 500 件。

1. 月末在产品数量和单位产品的工时定额如图表 4-3 所示。

图表 4-3

产品数量、工时及成本费用表

车 间	工时定额（小时）	在产品数量(件)	完工率计算（列出算式）	在产品约当产量(件)
第一车间	8	300		
第二车间	7	400		
第三车间	5	460		
合　　计	20	1 160		

上述在产品的完工程度分别为 60％、50％、80％。

2. 月初在产品成本和本月产品费用如图表 4-4 所示。

图表 4-4

产品成本费用表

单位：元

摘　　要	直接材料	直接工资	制造费用	合　　计
月初在产品成本	49 520	22 720	6 263	78 503
本月发生费用	214 000	100 362	35 844	350 206
费用合计				

(二) 要求

1. 根据上述资料填表计算 A 产品月末在产品约当产量。

2. 按约当产量比例法分配计算 A 产品完工产品成本和月末在产品成本(见图表 4-5)。

3. 作 A 产品完工入库的会计分录。

图表 4-5

产品成本计算单

产品名称：　　　　　　2008 年 2 月　　　　　完工产量：
　　　　　　　　　　　　　　　　　　　　　　　单位：元

摘　　要	直接材料	直接工资	制造费用	合　　计
月初在产品成本				
本月产品费用				
费用合计				
单位成本(分配率)				
完工产品成本				
月末在产品成本				

A 产品完工入库的会计分录：

第五章 分批法

习题 22

练习分批法

姓名	
成绩	

作业日期＿＿＿年＿＿＿月＿＿＿日

（一）资料 申光公司是小批加工生产企业，成本计算采用分批法，2008 年 8 月生产的各批产品资料如图表 5-1 所示：

图表 5-1

生产情况表

批号	产品名称	投产日期	批量（台）	完工日期及数量	备注
＃701	甲产品	7月份	25	8月份完工25台	
＃801	乙产品	8月份	20	8月份完工10台	完工10台已交客户
＃802	丙产品	8月份	35	8月份尚未完工	

图表 5-2

按各批产品分配和归集的费用表

单位：元

批号	月份	直接材料	直接工资	制造费用	合计
＃701	7月份	31 800	8 750	6 320	46 870
	8月份	68 250	20 025	14 875	103 150
＃801	8月份	81 400	24 400	18 600	124 400
＃802	8月份	38 600	7 400	5 700	51 700

(二) 要求

1. 根据上述资料开设各批产品成本计算单(见图表 5-2),计算各批产品的完工产品成本(见图表 5-2～5-5,♯801 批号乙产品按每台计划成本 6 400 元,从成本计算单中转出,其中直接材料 3 250 元、直接工资 1 660 元、制造费用 1 490 元)。

2. 作完工产品入库的会计分录。

图表 5-3

产品成本明细账

产品批号:♯701

产品名称:甲产品　　　　2008 年 8 月　　　　完工产量:25 台

2008 年		摘　　要	直接材料	直接工资	制造费用	合　计
月	日					
7	31	本月生产费用				
8	30	本月生产费用				
	30	本月止生产费用累计				
	30	本批完工产品总成本				
	30	完工产品单位成本				

图表 5-4

产品成本明细账

产品批号:♯801

产品名称:乙产品　　　　2008 年 8 月　　　　完工产量:10 台

2008 年		摘　　要	直接材料	直接工资	制造费用	合　计
月	日					
8	30	本月生产费用				
		计划单位成本				
	30	按计划单位成本转出 10 台				
	30	月末在产品成本				

图表 5-5

产品成本明细账

产品批号：♯802

产品名称：丙产品　　　　2008 年 8 月　　　　完工产量：尚未完工

2008 年		摘　　要	直接材料	直接工资	制造费用	合　计
月	日					
8	30	本月生产费用				

完工产品入库会计分录：

习 题 23

练习简化分批法

作业日期_____年_____月_____日

姓 名	
成 绩	

(一) 资料 某公司按客户需求的定单分批组织生产,由于每月末在产品批次较多,因而采用简化的分批法计算产品成本。2008年2月,♯103批丙产品完工7件,其他产品均未完工。♯103批丙产品原材料一次性投入,原材料费用按完工产品和在产品的产量比例分配。该企业生产成本二级账及♯103批丙产品成本明细账分别如图表5-6、图表5-7所示。

(二) 要求 通过计算填列两表中(1)~(24)个空白处的数据,列出(1)、(2)、(3)处数据的计算式,并完成有关明细账的编制(见图表5-8,图表5-9)。

图表5-6

生产成本二级账

2008年		摘 要	原材料	工 时	工资费用	制造费用	成本合计
月	日						
1	30	在产品	610 000	50 000	60 000	70 000	740 000
2	29	本月发生额	50 000	45 000	44 500	72 500	167 000
2	29	累计发生额	660 000	95 000	104 500	142 500	907 000
2	29	全部产品累计间接计入费用分配率			(1)	(2)	
2	29	本月完工转出	(3)	(4)	(5)	(6)	(7)
2	31	在产品	(8)	(9)	(10)	(11)	(12)

图表 5-7

产品成本明细账

产品批号：♯103

订货单位：N公司　　　　　　　　　　投产日期：1月2日

产品名称：丙　　　　　　　　　　　　完工日期：2月29日

产品批量：10　　　　　　　　　　　　完工产量：7件

2008年		摘　要	原材料	工时	工资费用	制造费用	成本合计
月	日						
1	30	本月发生额	20 000	560			
2	29	本月发生额		2 480			
2	29	累计数及累计间接计入费用分配率		3 040	(13)	(14)	
2	29	本月转出完工产品成本	(15)	2 500	(16)	(17)	(18)
2	29	完工产品单位成本	(19)	—	(20)	(21)	(22)
2	29	在产品	(23)	(24)			

图表 5-8

生产成本二级账

2008年		摘　要	原材料	工时	工资费用	制造费用	成本合计
月	日						
1	30	在产品	610 000	50 000	60 000	70 000	740 000
2	29	本月发生额	50 000	45 000	44 500	72 500	167 000
2	29	累计发生额	660 000	95 000	104 500	142 500	907 000
2	29	全部产品累计间接计入费用分配率					
2	29	本月完工转出					
2	29	在产品					

图表 5-9

产品成本明细账

产品批号：♯103
订货单位：N工厂　　　　　　　　　投产日期：1月2日
产品名称：丙　　　　　　　　　　　完工日期：2月29日
产品批量：10　　　　　　　　　　　完工产量：7件

2008年		摘　要	原材料	工　时	工资	制造费用	成本合计
月	日						
1	30	本月发生额	20 000	560			
2	29	本月发生额		2 480			
2	29	累计数及累计间接计入费用分配率		3 040			
2	29	本月转出完工产品成本		2 500			
2	29	完工产品单位成本					
2	29	在产品					

计算式：

习 题 24

练习累计间接费用分配法

姓 名	
成 绩	

作业日期＿＿＿＿年＿＿＿＿月＿＿＿＿日

(一) 资料 永进机械公司属小批生产企业,产品批数多,但月末未完工产品又很多,因而采用不分批计算在产品成本的分批法计算产品成本。

10月份该厂的产品批号有：

♯806批号：甲8件,8月14日投产,本月18日完工;

♯901批号：乙10件,9月5日投产,尚未完工;

♯902批号：丙7件,9月7日投产,本月完工4件,每件计划工时500小时;

♯903批号：丁5件,9月15日投产,尚未完工;

♯1001批号：戊4件,10月14日投产,尚未完工;

各批产品生产费用与工时如下表所示。

(二) 要求

1. 根据上列资料,采用不分批计算在产品成本的分批法,计算各批完工产品的成本,其中♯901批与♯902批产品,材料为生产开始时一次投入。

2. 登记各批产品成本明细账(见图表5-11～5-15),并将"生产成本二级账"(见图表5-10)余额与各批产品成本明细账中的月末在产品余额核对相符。

图表5-10

生产成本二级账

2008年		摘 要	实耗工时	直接材料	直接人工	制造费用	合 计
月	日						
8	31	本期生产费用	850	24 000	1 250	526	25 776
9	30	本期生产费用	5 380	53 740	10 550	6 800	71 090

(续表)

2008 年		摘 要	实耗工时（小时）	直接材料	直接人工	制造费用	合 计
月	日						
9	30	累计生产费用	6 230	77 740	11 800	7 326	96 866
10	31	本期生产费用	6 920	6 100	14 500	7 139	27 739

图表 5-11

生产成本明细账

产品批号：#806　　　　　　　　　　　开工日期：
产品名称：甲产品　　　　　　　　　　完工日期：
　　　　　　　　　　　　　　　　　　完工产量：

2008 年		摘 要	实耗工时（小时）	直接材料	直接人工	制造费用	合 计
月	日						
8	31	本期生产费用	850	24 000			
9	30	本期生产费用	980	8 000			
		累计生产费用	1 830	32 000			
10	31	本期生产费用	520	800			

图表 5-12

产品成本明细账

产品批号：#901　　　　　　　　　　　开工日期：
产品名称：乙产品　　　　　　　　　　完工日期：
　　　　　　　　　　　　　　　　　　完工产量：

2008 年		摘 要	实耗工时	直接材料	直接人工	制造费用	合 计
月	日						
9	30	本期生产费用	1 200	35 000			
10	31	本期生产费用	1 500				

图表 5-13

产品成本明细账

产品批号：♯902
产品名称：丙产品

开工日期：
完工日期：
完工产量：

2008年		摘　要	实耗工时	直接材料	直接人工	制造费用	合　计
月	日						
9	30	本期生产费用	1 400	6 440			
10	31	本期生产费用	1 200				

图表 5-14

产品成本明细账

产品批号：♯903
产品名称：丁产品

开工日期：
完工日期：
完工产量：

2008年		摘　要	实耗工时	直接材料	直接人工	制造费用	合　计
月	日						
9	30	本期生产费用	1 800	4 300			
10	31	本期生产费用	1 600	1 000			

图表 5-15

产品成本明细账

产品批号：♯1001
产品名称：

开工日期：
完工日期：
完工产量：

2008年		摘　要	实耗工时	直接材料	直接人工	制造费用	合　计
月	日						
10	31	本期生产费用	2 100	4 300			

第六章 分 步 法

习 题 25

练习分项逐步结转分步法

姓名　　　
成绩　　　

作业日期＿＿＿＿年＿＿＿＿月＿＿＿＿日

（一）资料　申华公司生产A产品，分两个车间顺序加工。原材料在生产开始时为一次投入，加工费用是均匀发生的。第一车间完工的A半成品直接转入第二车间加工制成A产成品。2008年9月份，两个车间的产量记录和成本资料已列入成本计算单（见图表6-1，图表6-2）。

（二）要求

1. 按约当产量比例计算A半成品、A产品的成本。
2. 作A产品入库的会计分录。

图表 6-1

产品成本计算单

车　　间：第一车间
产品名称：A半成品　　　2008年9月

在产品：20件
完工产量：160
完工率：50%
单位：元

摘　　要	直接材料	直接工资	制造费用	合　　计
月初在产品成本	8 000	1 320	1 080	10 400
本月产品费用	65 800	9 730	8 100	83 630
费用合计				
单位成本（分配率）				
完工产品成本				
月末在产品成本				

图表 6-2

产品成本计算单

在产品：50 件
完工产量：150
车　　间：第二车间　　　　　　　　完工率：60%
产品名称：A 产成品　　　2008 年 9 月　　单位：元

摘　　要	直接材料	直接工资	制造费用	合　计
月初在产品成本	4 200	2 340	1 560	8 100
本月产品费用		8 860	6 720	15 580
第一车间转入半成品成本				
费用合计				
单位成本（分配率）				
完工产品成本				
月末在产品成本				

A 产品入库的会计分录：

习题 26

练习综合连续结转分步法

作业日期_____年_____月_____日

姓 名	
成 绩	

(一) 资料 某企业大量生产甲产品,分两个生产车间连续加工。原材料在生产开始时一次投入,第一车间完工的甲半成品直接转入第二车间继续加工制成甲产成品,该企业成本计算采用"综合连续结转分步法"。有关的资料已填入下列的"基本生产成本明细账"(见图表6-3)。

(二) 要求

1. 计算甲产品的半成品成本和产成品成本(见图表6-3,图表6-4,生产费用在完工产品和在产品之间的分配,第一车间按约当产量比例法计算,第二车间在产品按定额成本计算)。

2. 进行成本还原填入图表6-5中。

图表6-3

基本生产成本明细账

在产品:40 件
完工产量:200 件

第一车间　　　　　2008年8月　　　　完工率:50%

摘　　要	直接材料	直接人工	制造费用	合　　计
月初在产品成本	4 400	860	2 000	7 260
本月生产费用	14 800	8 380	8 670	31 850
生产费用合计				
单位成本(分配率)				
完工产品成本				
月末在产品成本				

图表 6-4

基本生产明细账

第二车间　　　　　2008年8月　　　　　完工产量：180件

摘　　要	半成品	直接人工	制造费用	合　　计
月初在产品成本	1 690	100	170	1 960
本月生产费用		1 940	2 890	
生产费用合计				
单位成本（分配率）				
完工产品成本				
月末在产品定额成本	5 100	240	360	5 700

图表 6-5

产成品成本还原计算表

甲产品　　　　　　2008年8月　　　　　产量：180件
　　　　　　　　　　　　　　　　　　　　单位：元

项　　目	还原分配率	半成品	直接材料	直接人工	制造费用	合　　计
还原前产成品总成本						
本月所产半成品成本						
半成品成本还原						
还原后产成品总成本						
还原后产成品单位成本						

习 题 27

练习编制还原分配表

姓 名	
成 绩	

作业日期_____年_____月_____日

(一) 资料

1. 某公司第一步骤生产 A 半成品,本月完工 A 半成品的单位成本是 20 元,其中直接材料为 14 元、直接人工为 2 元、间接制造费用为 4 元。

2. 第二步骤本月完工 B 产品 200 件,总成本是 28 000 元,其中 A 半成品为 22 000 元、直接人工为 1 000 元、间接制造费用为 5 000 元。

(二) 要求 对 B 产品进行产品还原,填制 B 产品成本还原表如图表 6-6 所示。

图表 6-6

B 产品成本还原表

产量:200 件

单位:元

项 目	A 半成品生产成本	还原前产成品成本	还原分配率	还原后产成品成本	产成品单位成本
直接材料					
自制半成品					
直接人工					
间接制造费用					
合 计					

习 题 28

练习综合逐步结转分步法与成本还原

作业日期_____年_____月_____日

姓名	
成绩	

（一）资料 新光公司生产甲产品，分两个步骤逐步进行加工生产，先由第一步骤一次投料生产加工成甲半成品，然后将第一步骤完工的甲半成品直接转入第二步骤继续加工成甲产成品。各步骤发生的费用、完工产量、在产品数量及完工率等均已列入产品成本计算单。

（二）要求

1. 根据上述资料按定额比例法计算第一步骤完工产品和月末在产品成本（原材料单件消耗定额 6 千克，单件产品工时定额 2 小时）。

2. 根据上述资料和第一步骤成本计算的结果，按约当产量比例法计算第二步骤完工产品和月末在产品成本。

3. 作甲产品入库的会计分录。

4. 填制"产品成本计算单"（见图表 6-7、图表 6-8），"产成品成本还原计算表"（见图表 6-9），对完工产品成本的半成品费用进行成本还原。

图表 6-7

产品成本计算单

第一步骤
甲半成品

在产品：150 件
完工产量：910 件
完工率：60%
单位：元

摘　　要	直接材料	直接人工	制造费用	合　　计
月初在产品成本	18 250	870	385	19 505
本月生产费用	32 630	8 630	4 115	45 375
费用合计				
分配率				
完工产品	定额			
	实际成本			
在产品	定额			
	实际成本			

图表 6-8

产品成本计算单

在产品：200 件
完工产量：1 000 件

第二步骤
甲产成品

完工率：50%
单位：元

摘 要	半成品	直接人工	制造费用	合 计
月初在产品成本	45 136	1 205	875	47 216
本月生产费用		4 735	3 690	
费用合计				
单位成本(分配率)				
完工产品成本				
月末在产品成本				

完工产品入库的会计分录：

图表 6-9

产成品成本还原计算表

产量：
单位：元

甲产品

项 目	还原分配率	半成品	直接材料	直接人工	制造费用	合 计
还原前产成品总成本						
本月所产半成品成本						
半成品成本还原						
还原后产成品总成本						
还原后产成品单位成本						

还原分配率＝

习 题 29

练习平行结转分步法(一)

姓名	
成绩	

作业日期_____年_____月_____日

(一)资料 海新公司生产甲产品分铸造、加工、装配三个步骤连续加工。原材料系第一步骤生产开始时一次投入,各步骤发生的费用已在成本计算单中列示,三个步骤的产量记录如图表 6-10 所示。

图表 6-10

产量记录步骤

项 目		第一步骤	第二步骤	第三步骤
月初结存在产品数量(件)		25	30	40
本月投入(转入)数量(件)		180	185	190
本月完工(转出)数量(件)		185	190	200
月末在产品	数量(件)	20	25	30
	完工率(%)	60	60	50

(二)要求

1. 按约当产量比例法的要求,计算各步骤的总约当产量。
2. 计算各步骤应计入产成品成本的份额(见图表 6-11~6-13)。

图表 6-11

产品成本计算单

第一步骤(铸造)

产量:
单位:元

摘 要	直接材料	直接人工	制造费用	合 计
月初在产品成本	7 600	960	690	9 250
本月生产费用	13 850	1 816.80	1 339.20	17 006
生产费用合计				

(续表)

摘 要	直接材料	直接人工	制造费用	合 计
单位成本(分配率)				
应计入产成品成本份额				
期末在产品成本				

图表 6-12

产品成本计算单

第二步骤(加工)

产量：
单位：元

摘 要	直接材料	直接人工	制造费用	合 计
月初在产品成本		540	482	1 022
本月生产费用		1 861	1 576	3 437
生产费用合计				
单位成本(分配率)				
应计入产成品成本份额				
期末在产品成本				

图表 6-13

产品成本计算单

第三步骤(装配)

产量：
单位：元

摘 要	直接材料	直接人工	制造费用	合 计
月初在产品成本		788	612	
本月生产费用		1 104	936	
生产费用合计				
单位成本(分配率)				
应计入产成品成本份额				
期末在产品成本				

3. 编制"产成品成本汇总计算表"(见图表 6-14),并作产成品入库的会计分录。

图表 6-14

产成品成本汇总计算表

甲产品

产量:
单位:元

项　　目	直接材料	直接人工	制造费用	合　　计
第一步骤份额				
第二步骤份额				
第三步骤份额				
完工产品总成本				
单位成本				

计算各步骤的总约当产量:

第一步骤(铸造):

　直接材料项目=

　直接人工和制造费用项目=

每件加工费用的计算:

　直接材料=

　直接人工=

　制造费用=

应计入完工产品成本的份额:

　直接材料=

　直接人工=

　制造费用=

第二步骤(加工):

直接人工和制造费用项目＝

每件加工费用的计算：

　　直接人工＝

　　制造费用＝

应计入产成品成本的份额：

　　直接人工＝

　　制造费用＝

第三步骤（装配）：

　　直接人工和制造费用项目＝

　　每件加工费用的计算＝

　　直接人工＝

　　制造费用＝

应计入产品成本的份额：

　　直接人工＝

　　制造费用＝

完工产品入库会计分录：

习 题 30

练习平行结转分步法(二)

姓名	
成绩	

作业日期_____年_____月_____日

(一) 资料 某公司设有三个基本生产车间,第一车间生产C半成品,第二车间将C半成品加工为B半成品,第三车间将B半成品加工为A产品。成本计算采用平行结转分步法(连续加工方式),原料在生产开始时一次投入,二车间、三车间不投料,各车间的在产品按50%约当量计算,资料见图表6-15。

图表 6-15

各车间在产品资料

项 目		一 车 间	二 车 间	三 车 间
期初在产品		1 600	1 200	400
本期投产		6 800	8 000	7 200
完工转出		8 000	7 200	6 000
期末在产品		400	2 000	1 600
产量和约当产量	材料			
	工费			

(二) 要求

1. 按产量和约当产量比例法计算各车间的原材料和其他费用的约当产量。

2. 填制各车间的"产品成本计算单"(见图表6-16～6-18)及"产品成本汇总计算表"(见图表6-19)。

3. 编制完工入库的会计分录。

图表 6-16

产品成本计算单

一车间：C 半成品　　　　　　　　　　　　　　　　　　　产量：
　　　　　　　　　　　　　　　　　　　　　　　　　　　单位：元

项　　目	直接材料	直接人工	制造费用	合　　计
生产费用合计	380 000	44 100	107 800	531 900
总约当产量				
分配率（单位成本）				
完工产品成本（份额）				
月末在产品（广义）				

图表 6-17

产品成本计算单

二车间：B 半成品　　　　　　　　　　　　　　　　　　　产量：
　　　　　　　　　　　　　　　　　　　　　　　　　　　单位：元

项　　目	直接材料	直接人工	制造费用	合　　计
生产费用合计		43 000	86 000	129 000
总约当产量				
分配率（单位成本）				
完工产品成本（份额）				
月末在产品成本（广义）				

图表 6-18

产品成本计算单

三车间：A 产品　　　　　　　　　　　　　　　　　　　　产量：
　　　　　　　　　　　　　　　　　　　　　　　　　　　单位：元

项　　目	直接材料	直接人工	制造费用	合　　计
生产费用合计		34 000	61 200	95 200
总约当产量				
分配率（单位成本）				
完工产品成本（份额）				
月末在产品成本（广义）				

图表 6-19

产品成本汇总计算表

A 产品　　　　　　　　　　　　　　　　　　产量：
　　　　　　　　　　　　　　　　　　　　　单位：元

项　目	一车间	二车间	三车间	总成本	单位成本
直接材料					
直接人工					
制造费用					
合　计					

完工产品入库会计分录：

习 题 31

练习平行结转分步法(三)

姓名 _____ 成绩 _____

作业日期 ____年____月____日

(一) 资料 某企业乙产品生产分两个步骤并分别由两个车间进行。根据生产特点和成本管理要求,采用平行结转分步法计算产品成本。各步骤生产费用按定额比例法在产成品和广义在产品之间进行分配,其中原材料费用按定额原材料费用比例分配,其他费用按定额工时比例分配。乙产品定额成本资料和实际成本资料如图表 6-20 所示。

图表 6-20

乙产品定额资料

车间份额	月初在产品		本月投入		本月产成品				
	定额原材料费用(元)	定额工时(小时)	定额原材料费用(元)	定额工时(小时)	单件定额		产量(件)	定额原材料费用(元)	定额工时(小时)
					原材料费用(元)	工时(小时)			
第一车间份额	200 000	50 000	500 000	150 000	450	120	1 200	540 000	144 000
第二车间份额	—	30 000	—	200 000		130	1 200	—	156 000
合计	200 000	80 000	500 000	350 000	450	250	—	540 000	300 000

(二) 要求

1. 分别计算月末在产品定额原材料费用和定额工时。

2. 根据有关资料,登记第一车间和第二车间成本明细账(见图表 6-21,图表 6-22),并列出第一车间成本明细账中有关数据计算的算式说明。

3. 编制"产成品成本汇总表"(见图表 6-23)并结转完工产品成本。

图表 6-21

产品成本明细账

生产部门：第一车间　　　　　　　　　　　　　　产　品：乙

2008年		摘要	产量(件)	原材料费用		定额工时	工资	制造费用	实际成本合计
月	日			定额	实际				
9	30	在产品成本（实际成本）			210 000		30 000	20 000	260 000
10	31	本月生产费用			420 000		90 000	60 000	570 000
10	31	生产费用累计							
10	31	费用分配率							
10	31	产成品成本中本车间份额							
10	31	在产品成本（实际成本）							

图表 6-22

产品成本明细账

生产部门：第二车间　　　　　　　　　　　　　　产　品：乙

2008年		摘要	产量(件)	原材料费用		定额工时	工资	制造费用	实际成本合计
月	日			定额	实际				
9	30	在产品成本（实际成本）					15 000	11 000	26 000
10	31	本月生产费用					127 600	76 400	204 000
10	31	生产费用累计							
10	31	费用分配率							
10	31	产成品成本中本车间份额	1 200						
10	31	在产品成本（实际成本）							

计算式：

图表 6-23

产品成本汇总表

产　品：乙

金额单位：元

车　间　份　额	产量(件)	原材料	工　　资	制造费用	成本合计
第一车间份额					
第二车间份额					
总成本					
产成品单位成本					

习 题 32

练习平行结转分步法(四)

姓 名	
成 绩	

作业日期＿＿＿年＿＿＿月＿＿＿日

(一) 资料 某眼镜生产公司,第一车间生产镜架,第二车间生产镜片,第三车间将镜架和镜片装配成眼镜。

镜架和镜片耗用的原材料在生产开始时一次投入,各车间在产品完工率均为50%。

各车间生产情况如图表6-24所示。

图表6-24

各车间生产情况

2008年8月   计量单位:件

项　　目	镜　架	镜　片	眼　镜
期初在产品数量	170	180	130
本期投产数量	740	1 520	760
完工转出数量	750	1 500	750
期末在产品数量	160	200	140

有关生产费用已填列在相应的"产品成本计算单"(见图表6-25～6-27)中。

图表6-25

产品成本计算单

在产品:
完工产量:

生产部门:第一车间   完工率:
产品名称:镜架   2008年8月   单位:元

摘　　　要	直接材料	直接人工	制造费用	合　　计
期初余额	8 200	1 640	1 060	10 900
本期生产费用	37 300	17 450	13 050	67 800

摘 要	直接材料	直接人工	制造费用	合 计
生产费用合计				
单位成本(分配率)				
完工产品成本				
在产品成本				

图表 6-26

产品成本计算单

生产部门：第二车间
产品名称：镜片   2008 年 8 月

在产品：
完工产量：
完工率：
单位：元

摘 要	直接材料	直接人工	制造费用	合 计
期初余额	3 400	2 350	2 100	7 850
本期生产费用	30 600	32 850	26 700	90 150
生产费用合计				
单位成本(分配率)				
完工产品成本				
在产品成本				

图表 6-27

产品成本计算单

生产部门：第三车间
产品名称：眼镜   2008 年 8 月

在产品：
完工产量：
完工率：
单位：元

摘 要	直接材料	直接人工	制造费用	合 计
期初余额		912	624	1 536
本期生产费用		8 928	6 756	15 684

（续表）

摘 要	直接材料	直接人工	制造费用	合 计
生产费用合计				
单位成本（分配率）				
完工产品成本				
在产品成本				

（二）要求

1. 计算各车间应计入产品成本份额及月末在产品成本（采用约当产量法在完工产品和在产品之间进行费用分配）。

2. 编制"产品成本汇总表"（见图表 6-28），计算完工产品总成本及单位成本。

3. 编制完工产品入库的会计分录。

图表 6-28

产品成本汇总表

产品：眼镜　　　　　　2008 年 8 月　　　　　　单位：元

项 目	直接材料	直接人工	制造费用	合 计
第一车间				
第二车间				
第三车间				
总成本				
单位成本				

会计分录：

习 题 33

期中综合复习题(A)

姓 名
成 绩

作业日期____年____月____日

一、填空题(每格 0.5 分,共 10 分)

1. 产品成本计算按照它所包括的范围可分为按_____计算、按_____计算、按_____计算。

2. 按照工艺过程的特点,工业企业的生产类型可分为_____和多步骤生产。多步骤生产又可以分为_____和_____。

3. 生产费用按与产品产量关系可分为_____和_____。

4. 交互分配后待分配的费用＝交互分配前的费用＋_____的费用－_____的费用。

5. 废品损失的计算包括_____和_____的计算。

6. 逐步结转分步法按半成品成本结转至下一步骤的形式不同可分为_____和_____。

7. 生产费用是指_____；产品成本是指_____。

8. 成本核算的基础工作是指:① _____；② _____；③ _____；④ _____。

二、是非题(每题 1 分,共 5 分)

1. 制造成本按与产量关系可以分为固定和变动两个部分进行分析。( )

2. 如果在产品数量各月之间变动不大,其在产品成本可以按其原材料成本固定计算。( )

3. 财务费用账户内既要登记利息收入,又要登记利息支出。( )

4. 综合连续结转分步法,就是将各步骤所耗上一步骤半成品成本以专设"半成品"项目综合记入其成本计算单中。( )

5. 成本报表是对内报表，属于企业的商业秘密，不需对外报送。
( )

三、单项选择题(每题1分，共5分)

1. 发生已预计但尚未支付的利息费用应( )账户。
   A. 借记"待摊费用"　　　　B. 贷记"预提费用"
   C. 借记"预提费用"　　　　D. 借记"销售费用"

2. 下列项目中，属于管理费用核算的内容是( )。
   A. 捐赠支出　　　　　　　B. 坏账损失
   C. 违约金支出　　　　　　D. 利息

3. 设置基本生产明细账的一般依据是( )。
   A. 按费用类别　　　　　　B. 按成本项目
   C. 按产品品种　　　　　　D. 按车间

4. 大量大批多步骤生产而管理上不要求分步骤计算产品成本的，其产品成本的计算方法应选用( )。
   A. 品种法　　　　　　　　B. 分批法
   C. 分步法　　　　　　　　D. 标准成本法

5. 预付待摊第二季度车间机器设备保险费，在预付时应借记( )账户。
   A. "待摊费用"　　　　　　B. "预提费用"
   C. "长期待摊费用"　　　　D. "制造费用"

四、简答题(3题任选2题做，共10分)

1. 简述成本会计的核算内容及其核算的主要目的。

2. 简述制造费用核算内容及其分配方法。

3. 简述分批法核算的主要特点。

五、练习题(5题,共70分)

(一) 共同耗用材料费用的分配(10分)

1. **资料** BB公司制造♯101产品,直接领用甲材料68 000元;制造♯102产品直接领用甲材料28 000元;制造两种产品共同耗用乙材料4 000元。车间一般耗用甲材料6 000元,管理部门耗用甲材料3 000元。两种产品共同耗用乙材料按定额消耗量比例分配。

有关产量和消耗定额资料如图表期中复-1所示。

图表期中复-1

产量和消耗定额表

♯101产品	产量1 000件	单位消耗定额2千克
♯102产品	产量500件	单位消耗定额4千克

2. **要求**

(1) 列式计算共同耗用材料费用分配率:

分配率=

(2) 编制材料费用分配表(见图表期中复-2)。

图表期中复-2

材料费用分配表
××××年×月
单位:元

耗料部门	直接耗用甲材料	共同耗用乙材料	合 计
♯101产品			
♯102产品			
小 计			
车间耗用			
管理部门耗用			
合 计			

(3) 编制领用材料的会计分录。

(二) 在产品完工率的测算与应用(10分)

1. **资料** 某企业某产品的工时定额为 40 小时,经两道工序组成,每道工序的工时定额分别为 30 小时和 10 小时。

2. **要求** 计算完工率。

(1) 第 1 工序完工率=

(2) 第 2 工序完工率=

资料 上列产品各工序月末在产品数量为:第 1 工序 350 件,第 2 工序 210 件;完工产品数量为 780 件。月初在产品和本月计入的制造费用共为 81 030 元。

要求 计算完工产品和月末在产品的制造费用应分配额。

(1) 第 1 工序在产品约当产量=

(2) 第 2 工序在产品约当产量=

(3) 月末在产品约当产量总数=

(4) 制造费用分配率=

(5) 完工产品制造费用=

(6) 月末在产品制造费用=

(三) 辅助生产费用的分配(15分)

1. **资料** 某企业设置机修、运输两个辅助生产车间。本月发生的费用为:机修车间 19 000 元,运输车间 20 000 元。有关提供劳务资料如图表期中复-3 所示。

图表期中复-3

辅助生产车间提供劳务数量情况表

名称	提供劳务数量	
	运输车间	机修车间
运输车间		4 000
机修车间	500	

(续表)

名　称	提 供 劳 务 数 量	
	运输车间	机修车间
基本生产车间	31 000	13 000
行政管理部门	8 500	3 000
合　　计	40 000	20 000

2. 要求　按一次交互分配法分配辅助生产费用(见图表期中复-4),并编制会计分录(分配率的小数保留 4 位)。

图表期中复-4

辅助生产费用分配表

(一次交互分配法)　　　　金额单位:元

项　目		运　输			机　修			合　计
		数量(件)	分配率	金额	数量(件)	分配率	金额	
交互分配前								
交互分配	运输							
	机修							
交互分配后 ||							
对外分配	基本生产车间							
	行政管理部门							
合　计								

会计分录:

(四)产品成本计算品种法的核算(15 分)

1. 资料　大明公司大量生产 A 产品,分三个车间顺序加工。产品生产材料是在第一车间生产开始时一次投入,成本管理上不要求分车间计算半成品成本。成本计算采用品种法。2008 年 3 月份完工产量为1 000件，月末在产品数量和单件产品工时定额以及该产品月初在产品成本和本月产品费用如下：

（1）在产品数量和工时定额如图表期中复-5所示。

图表期中复-5

产品数量和工时定额表

车间	在产品数量(件)	工时定额(小时)
第一车间	120	12
第二车间	120	4
第三车间	80	4
合　计	320	20

在产品在各车间的完工程度均为50%。

（2）月初在产品成本和本月产品费用：

月初在产品成本：直接材料22 000元，直接工资6 000元，制造费用4 200元。

本月产品费用：直接材料86 000元，直接工资7 500元，制造费用18 600元。

2. 要求 按资料计算A产品月末在产品约当量（见图表期中复-6），按约当量比例法分配计算A产品完工产品成本和月末在产品成本（图表期中复-7），并作产成品入库的会计分录。

图表期中复-6

在产品约当产量计算表

产品名称：A产品　　　　　2008年3月

车间	工时定额 （小时）	在产品数量 （件）	完工率计算 （列出公式）	在产品约当量 （件）
第一车间				
第二车间				
第三车间				
合　计				

图表期中复-7

产品成本计算单

产品名称：A产品　　　2008年3月　　　完工产量：1 000件　　单位：元

序	摘　　要	直接材料	直接工资	制造费用	合　计
1	月初在产品成本				
2	本月产品费用				
3	费用合计				
4	单位成本（分配率）				
5	完工产品成本				
6	月末在产品成本				

会计分录：

（五）逐步结转分步法的核算（20分）

1. **资料**　AT公司生产甲产品，分两个车间连续加工制成。一车间生产乙半成品，直接全部发二车间加工制成甲产品。成本计算采用"综合连续结转分步法"并对所耗乙半成品进行成本还原，二个车间的在产品成本均按定额成本计算。有关资料如图表期中复-8、图表期中复-9所示。

图表期中复-8

月初在产品定额成本

单位：元

车间名称	半成品	直接材料	直接工资	制造费用	合　计
一车间		9 200	3 000	6 000	18 200
二车间	21 000		1 920	4 000	26 920

图表期中复-9

月末在产品定额成本

单位：元

车间名称	半成品	直接材料	直接工资	制造费用	合　　计
一车间		5 200	1 500	3 000	9 700
二车间	34 860		3 600	7 640	46 100

本月发生费用已登记在下列基本生产明细账中（见图表期中复-10、图表期中复-11）。

图表期中复-10

基本生产成本明细账

车间：一车间　　　　××××年×月　　　　完工数量：1 200 件

摘　　要	直接材料	直接工资	制造费用	合　　计
月初在产品成本	9 200	3 000	6 000	18 200
本月发生费用	49 000	24 500	44 000	117 500
费用合计				
完工半成品成本				
月末在产品成本				

图表期中复-11

基本生产成本明细账

车间：二车间　　　　××××年×月　　　　完工数量：1 000 件

摘　　要	半成品	直接工资	制造费用	合　　计
月初在产品成本	21 000	1 920	4 000	26 920
本月发生费用	126 000	21 980	53 200	201 180
费用合计				
完工甲产品成本				
月末在产品成本				

2. 要求

(1) 根据资料,计算半成品和甲产品成本。

(2) 编制"产品成本还原计算表"进行成本还原(见图表期中复-12,并列式计算成本还原分配率)。

图表期中复-12

产品成本还原计算表

完工产量:1 000 件

产品名称:甲产品　　××××年×月　　单位:元

项目	半成品	直接材料	直接工资	制造费用	合计
还原前产品成本					
本月所产半成品成本					
半成品还原成本					
还原后产成品总成本					
还原后产成品单位成本					

还原分配率=

习 题 34

期中综合复习题(B)

作业日期＿＿＿＿年＿＿＿＿月＿＿＿＿日

姓 名	
成 绩	

一、填空题(每格0.5分,共10分)

1. 变动产品成本计算按照它所包括的范围可以分为＿＿＿＿、＿＿＿＿、＿＿＿＿。

2. 产品成本计算的基本方法是＿＿＿＿、＿＿＿＿、＿＿＿＿。

3. 工业生产的主要类型按生产组织特点分类,可以分为＿＿＿＿、＿＿＿＿、单件生产。

4. 逐步结转分步法按照半成品成本结转至下一步骤的不同形式可以分为＿＿＿＿和＿＿＿＿两种。

5. 在产品约当产量的测定方法一般分为＿＿＿＿、＿＿＿＿两种。

6. 完工产品和在产品之间费用分配的主要方法是指＿＿＿＿、＿＿＿＿和＿＿＿＿。

7. 工业企业进行经营活动时,所发生的＿＿＿＿费用、＿＿＿＿费用、＿＿＿＿费用都应计入当期损益。

8. 废品按是否修复一般可以划分为＿＿＿＿和＿＿＿＿两种。

二、是非题(每题1分,共5分)

1. 如果在产品数量各月之间变动较大,其在产品成本不可以按其年初在产品成本固定计算。 （ ）

2. 制造费用按与产品关系可以分为基本和一般两个部分进行分析。 （ ）

3. 销售费用账户内既要登记营业收入,又要登记营业支出。 （ ）

4. 平行结转分步法,就是将各步骤所耗上一步骤的半成品成本以专设"半成品"项目综合平行计到下步骤的成本计算单中。 （ ）

5. 成本也是一种费用支出,所以成本和费用没有什么区别。
                                                （ ）

三、单项选择题(每题1分,共5分)

1. 辅助生产发生成本费用的归集是通过下列哪个账户进行的(　)。
   A. "其他业务支出"　　　　　B. "制造费用"
   C. "管理费用"　　　　　　　D. "生产成本"

2. 发生已支付但尚未摊销的受益期在2年以上的费用应(　)账户。
   A. 借记"待摊费用"　　　　　B. 借记"长期待摊费用"
   C. 借记"预提费用"　　　　　D. 借记"生产成本"

3. 下列项目中,属于财务费用核算的内容是(　)。
   A. 董事会经费支出　　　　　B. 坏账损失
   C. 违约金支出　　　　　　　D. 利息支出

4. 大量大批多步骤生产而管理上要求分步骤计算产品成本的,其产品成本的计算方法应选用(　)。
   A. 品种法　　　　　　　　　B. 分批法
   C. 分步法　　　　　　　　　D. 标准成本法

5. 工序测定法中每一工序内各件在产品的完工程序可以按下列哪个百分比来计算(　)。
   A. 20%　　　　　　　　　　B. 25%
   C. 50%　　　　　　　　　　D. 75%

四、简答题(3题选择2题做,共10分)

1. 简述成本会计概念与成本核算的基本程序。

2. 简述品种法的适用范围及其特点。

3. 简述分步法的适用范围及其特点。

五、练习题(6 题,共 70 分)

(一) 约当产量的计算(10 分)

1. **资料** 某工业企业某种产品本月完工 250 件,月末在产品 160 件。在产品完工程度测定为 40%;月初和本月发生的原材料费用共为 56 520 元,工资费用共为 11 618 元。原材料随着加工进度陆续投入。

2. **要求** 计算完工产品和月末在产品的原材料费用和工资及福利费应分配额。

(1) 月末在产品约当产量=

(2) 原材料费用分配率=

(3) 工资费用分配率=

(4) 完工产品原材料费用=

(5) 完工产品工资及费用=

(6) 月末在产品原材料费用=

(7) 月末在产品工资及费用=

(二) 产品成本还原的计算(10 分)

1. **资料** 某公司生产甲产品,由两个车间连续加工制成,产品成本计算采用综合逐步结转分步法。

某年 10 月份有关该公司一车间半成品完工成本和二车间甲产品 100 件完工成本如图表期中复-13 所示。

图表期中复-13

完工半成品成本甲产品成本表

单位：元

项　　目	直接材料	半成品	直接工资	制造费用	合　　计
一车间完工半成品成本	383 000		78 000	39 000	500 000
二车间完工甲产品成本		396 000	56 700	40 500	493 200

2. 要求 根据上列资料列式计算还原分配率,并编制"产品成本还原计算表"(见图表期中复-14)。

图表期中复-14

产品成本还原计算表

产品名称：W产品　　　　××××年×月

完工产量：件
单位：元

行次	项　　目	半成品	直接材料	直接工资	制造费用	合　　计
1	还原前产成品成本					
2	本月所产半成品成本					
3	半成品还原成本					
4	还原后产成品总成本					
5	还原后产成品单位成本					

(三)产品费用在完工产品和在产品之间的分配(10分)

1. 资料 某企业第一生产车间生产A产品,原材料是一次投入,2008年8月份生产该产品归集的费用:直接材料45 450元,直接工资5 580元,制造费用7 412元。该产品材料消耗定额为50千克,材料计划单价4元;单位产品工时定额为16小时,小时计划单价直接工资为1.60元,制造费用为2.20元。本月完工A产品800件,在产品数量为100件,完工率为50%。

2. 要求

(1)按"在产品按定额成本计价"的方法,计算完工产品成本和月末在产品成本(见图表期中复-15),并作产成品入库的会计分录。

图表期中复-15

基本生产成本明细账

产品名称：　　　　　2008年8月

在产品：50 件
完工产量：400 件
完工率：50%

摘　　要	直接材料	直接工资	制造费用	合　计
费用合计				
完工产品总成本				
月末在产品定额成本				
产成品单位成本				

会计分录：

（2）按"定额比例法"计算完工产品成本和月末在产品成本（见图表期中复-16），并作产成品入库的会计分录。

图表期中复-16

基本生产成本明细账

产品名称：　　　　　2008年8月

在产品：50 件
完工产量：400 件
完工率：50%

摘　　要		直接材料	直接工资	制造费用	合　计
费用合计					
分配率					
完工产品	定额				
	实际成本				
在产品	定额				
	实际成本				

会计分录：

(四) 产品成本计算的分批法(15 分)

1. **资料**　某机器制造公司接受客户定单按分批法计算成本。

2008 年 10 月份接受客户定单制造小型机器 25 台,所发生的生产费用已登记入批号为 1002 的成本计算单中,该产品 11 月份先行完工 11 台。该公司 11 月份接受客户定单,批号为 1104,制造机器乙产品 20 台,虽已投产,但尚未完工。

有关各批产品 11 月份发生的生产费用资料如图表期中复-17 所示。

图表期中复-17

生 产 费 用 表

单位:元

批　号	直接材料	直接工资	制造费用	合　　计
1002	16 400	4 825	3 761	24 986
1104	28 560	15 160	13 860	57 580

2. **要求**

(1) 将上述生产费用登记入各批"产品成本计算单"(见图表期中复-18,图表期中复-19)。

图表期中复-18

产品成本计算单

投产日期:2008 年 10 月
投产批量:25 台
批号:1002
11 月份完工:11 台
品名:小型机器　　　2008 年 11 月　　　单位:元

日　期	摘　　　要	直接材料	直接工资	制造费用	合　　计
10/30	本月生产费用	9 840	3 872	2 904	16 616
11/31	本月生产费用				

(续表)

日　期	摘　　要	直接材料	直接工资	制造费用	合　计
11/31	生产费用累计				
	计划单位成本				
11/31	按计划成本转出 11 台				
11/31	月末在产品成本				

图表期中复-19

产品成本计算单

投产日期：2008 年 11 月
投产批量：20 台
批号：1104　　　　　　　　　　　　11 月份完工：
品名：乙产品　　　　　　　　　　　单位：元

日　期	摘　　要	直接材料	直接工资	制造费用	合　计
11/31	本月生产费用				

(2) 批号 1002 小型机器 11 月份完工 11 台，按每台计划单价 2 250 元转出入库，其中每台直接材料计划成本 1 485 元，直接工资 402 元，制造费用 363 元。

(3) 编制批号 1002 小型机器入库的会计分录。

小型机器完工产品入库会计分录：

(五) 分配完工产品成本与在产品成本(10 分)

1. **资料**　某企业生产 B 产品，须经过三道工序连续加工制成，工时定额为 20 小时，其他资料如下(完工程度按 50% 计算)。

2. **要求**　根据资料：
(1) 计算完工率(列式)和约当产量填入图表期中复-20 中。
(2) 填制"基本生产成本明细账"(见图表期中复-21)。

图表期中复-20

工时定额和在产品数量表

工 序	工时定额（小时）	完 工 率	在产品数量（件）	约当产量（件）
1	8		100	
2	8		50	
3	4		50	
合 计	20		200	

图表期中复-21

基本生产明细账

在产品：200 件
完工产量：505 件
材料一次投入：

产品名称：B产品

摘 要	直接材料	直接工资	制造费用	合 计
月初在产品成本	21 000	1 188	1 400	23 588
本月产品成本	84 750	18 012	20 800	123 562
费用合计				
总约当产量				
分配率（单位成本）				
完工产品成本				
月末在产品成本				

（3）编制完工入库的会计分录。

（六）产品成本计算的分步法(15分)

1. 资料 金发公司生产A产品,分三个步骤连续加工制成。采用"平行结转分步法"计算成本,有关生产资料如图表期中复-22所示。

图表期中复-22

生产资料情况表

单位：件

项　　目	第一步骤	第二步骤	第三步骤
期初在产品数量	3 500	4 680	3 240
本期投产或上步骤转入数量	40 000	39 500	40 080
本期完工或转下步骤数量	39 500	40 080	38 500
期末在产品数量	4 000	4 100	4 820

第一步骤：一次投料,逐步加工；

第二步骤：逐步投料,逐步加工；

第三步骤：不投料,各步骤在产品施工程度均为50%。

2. 要求

(1) 列式计算各步骤成本项目的总约当产量：

第一步骤：直接材料项目＝

　　　　　其他费用项目＝

第二步骤：直接材料项目＝

　　　　　其他费用项目＝

第三步骤：其他费用项目＝

(2) 编制第一步骤"成本计算单"如图表期中复-23所示(其余省略)。

图表期中复-23

成 本 计 算 单

生产步骤：第一步骤　　　××××年×月　　　产品产量：38 500 件　　单位：元

项　　　目	直接材料	直接工资	制造费用	合　　计
期初在产品成本	46 278	19 768	34 594	100 640
本期成本费用	185 112	79 072	138 376	402 560
合　　计				
总约当产量				
单位成本（分配率）				
计入完工产品成本份额				
期末在产品成本				

第七章 分 类 法

习 题 35

练习分类法(一)

姓名	
成绩	

作业日期＿＿＿年＿＿＿月＿＿＿日

(一)资料 海空公司用同样的原材料和相同的工艺技术生产甲、乙、丙三种不同规格的产品。为简化核算工作,将三种相近的产品合并为 A 类计算成本。原材料费用按定额成本的比例分配,直接人工和制造费用按定额工时比例分配。有关成本资料如图表 7-1 所示。

图表 7-1

产品成本费用表

产品名称	单位	产量	直接材料费用定额（元）	工时消耗定额（小时）
甲产品(标准产品)	件	100	120	40
乙产品	件	200	132	60
丙产品	件	120	180	75

(二)要求

1. 计算 A 类完工产品总成本(见图表 7-2)。

图表 7-2

产品成本计算单

产品名称：A 类产品　　　　2008 年 1 月　　　　　　　　单位：元

项 目	直接材料	直接人工	制造费用	合 计
月初在产品定额成本	4 500	2 550	1 570	8 620
本月生产费用	49 500	40 850	23 030	113 380
合 计				

(续表)

项 目	直接材料	直接人工	制造费用	合 计
产成品成本				
月末在产品定额成本	6 000	3 400	2 100	11 500

2. 按标准产量比例分配,计算并填列各种产品的总成本和单位成本(见图表 7-3)。

图表 7-3

A 类产品成本计算表

2008 年 1 月　　　　　　　　　金额单位:元

项 目	产量(件)	工时消耗定额	定额工时(小时)	材料费用定额	材料定额费用	直接材料	直接人工	制造费用	总成本	单位成本
分配率										
甲产品										
乙产品										
丙产品										
合　计										

3. 作产成品入库的会计分录。

会计分录:

习 题 36

练习分类法(二)

作业日期＿＿＿＿年＿＿＿＿月＿＿＿＿日

姓 名	
成 绩	

(一)资料 某公司生产甲、乙、丙、丁四种产品,直接材料都是在生产开始时一次投入,成本核算上将这四种产品归为 A 类。有关 A 类产品成本计算资料已列入产品成本计算单。A 类产品中各种产品的产量和标准产量系数如下：

产　品	产量(千克)	标准产量系数
甲产品	5 000	0.8
乙产品	8 000	1
丙产品	4 000	0.75
丁产品	6 000	1.2

(二)要求

1. 计算 A 类完工产品总成本(见图表 7-4)。

图表 7-4

产品成本明细账

产品名称：　　　　　　　　2008 年 1 月

摘　　　要	直接材料	直接人工	制造费用	合　　计
月初在产品定额成本	49 950	26 640	33 960	110 550
本月生产费用	350 760	186 480	277 720	814 960
生产费用合计				
完工产品成本				
月末在产品定额成本	66 600	35 520	45 280	147 400

2. 按标准产量比例分配计算各种产品的总成本和单位成本(见图表 7-5)。

图表 7-5

A 类各种产品成本计算表

2008 年 1 月　　　　　　　　金额单位：元

产品名称	完工产品产量(件)			成本项目			总成本	单位成本
	实际产量	标准产量系数	标准产品产量	直接材料	直接人工	制造费用		
分配率	—	—	—				—	—
甲产品								
乙产品								
丙产品								
丁产品								
合　计								

3. 作产成品入库的会计分录。

产成品入库的会计分录：

习 题 37

练习系数分配法（一）

姓名	
成绩	

作业日期_____年_____月_____日

（一）资料 华光公司生产 M、N 两种产品，同属于乙类产品，直接材料、直接人工和制造费用采用"系数法"计算产品成本。该公司 2008 年 9 月份成本资料如图表 7-6、图表 7-7 所示。

图表 7-6

产成品和在产品折合数量计算表

产品名称：乙类　　　　2008 年 9 月　　　　　　　单位：件

产品品种	本期产成品			期末在产品						在产品折合量	折合数量合计
	实际产量	系数	产成品折合量	第一加工阶段			第二加工阶段				
				实际数量	系数	折合量	实际数量	系数	折合量		
	①	②	③=①×②	④	⑤	⑥=④×⑤	⑦	⑧	⑨=⑦×⑧	⑩=⑥+⑨	⑪=③+⑩
M 产品	920	1		800	0.4		600	0.6			
N 产品	1 200	1.5		500	0.8		400	0.5			
合　计											

图表 7-7

产品成本计算单

产品名称：乙类　　　　2008 年 9 月　　　　　　　单位：元

项　　目	成　本　项　目			
	直接材料	直接人工	制造费用	合　计
期初在产品成本	4 500	2 650	1 650	8 800
本期生产费用	49 500	40 850	23 050	113 400
小　　　计				

(续表)

项目		成本项目			
		直接材料	直接人工	制造费用	合计
分配率					
期末在产品成本					
本期产成品总成本					
M产品	总成本				
	单位成本				
N产品	总成本				
	单位成本				

(二) 要求

1. 计算并填列"产成品和在产品折合数量计算表"、"产品成本计算单"。

2. 作产成品入库的会计分录。

(1) 计算过程：

(2) 会计分录：

习 题 38

练习系数分配法(二)

作业日期＿＿＿年＿＿＿月＿＿＿日

姓 名	
成 绩	

(一)资料 某企业采用分类法计算产品成本,第一类产品共有甲、乙、丙三种产品,其中乙产品为主销产品,该类产品以定额成本为综合分配标准。甲、乙、丙三种产品的单位定额成本分别为1.2元、1.5元、1.8元。

(二)要求 根据上述资料,分别计算各产品综合系数及各项费用分配率,并完成第一类产品成本计算表(见图表7-8)。

图表7-8

类内各种产成品成本计算表

产品名称：第一类　　　2008年6月　　　金额单位：元

项 目	产量(个)	综合系数	标准产品	原材料	工 资	制造费用	成本会计
费用分配率	—	—	—				—
甲产品	10 000						
乙产品	80 000						
丙产品	30 000						
合 计	—			101 680	59 520	24 800	186 000

根据上述计算方法与计算结果,简要说明分类法的特点。

习 题 39

练习联产品成本计算

姓名	
成绩	

作业日期_____年_____月_____日

（一）资料　宇宙化工联合公司在同一加工过程中利用同一材料加工出 A、B、C 三种主要产品。已计算出分离前的直接材料、直接人工和制造费用等联合成本 86 180 元。联产品实际产量为：A 产品 400 吨、B 产品 300 吨、C 产品 200 吨。假定 A、B、C 三种产品的系数分别为：1、0.4、0.5，则各产品应分摊的联合成本如图表 7-9 所示。

图表 7-9

联产品成本计算表

（系数分配法）

产品名称	实际产量（吨）	系数	标准产量（吨）	分配比例	应分摊成本（元）	单位成本（元）
A	400	1				
B	300	0.4				
C	200	0.5				
合　计	—					

（二）要求　通过计算，填制上述联产品成本计算表中有关项目。

习 题 40

练习副产品成本计算

作业日期＿＿＿＿年＿＿＿＿月＿＿＿＿日

姓 名	
成 绩	

（一）资料　某工业企业在生产 A 产品（主产品）的过程中，还可生产可以加工成 B 产品（副产品）的原料。A、B 产品都是单步骤大量生产且在同一车间进行。

有关 A、B 两种产品实际生产费用已填列在有关的产品成本计算单中。

本月 A、B 两种产品的生产工时和产量如下：

A 产品产量为 1 000 件，B 产品产量为 500 件；

A 产品生产工时为 5 000 小时，B 产品 1 000 小时。

本月在生产 A 产品的过程中，可生产出加工成 B 产品的原料 4 000 千克，每千克定价为 0.50 元，全部为 B 产品所耗用。

A 产品的在产品按所耗原材料的定额成本计价。

（二）要求

1. 根据以上资料填制"工资和制造费用分配表"（见图表 7-10），计算分配主、副产品应负担的工资和制造费用。

图表 7-10

工资和制造费用分配表

2008 年 8 月

项　　目	生产工时（小时）	直接人工（元）	制造费用（元）
本期生产费用			
分配率			
A 产品（主产品）			
B 产品（副产品）			
合　　计		12 000	15 000

2. 登记产品成本明细账(见图表 7-11,图表 7-12),计算主、副产品的实际成本。

3. 编制主、副产品入库的会计分录。

图表 7-11

产品成本明细账

产品名称：A(主产品)

月	日	摘 要	产量(件)	原 材 料	直接人工	制造费用	成本合计
9	30	在产品成本(定额成本)		4 000			4 000
10	31	本月生产费用		60 000			
	31	减:副产品(B产品原料)					
	31	生产费用累计					
	31	本月产成品成本					
	31	产成品单位成本					
	31	在产品成本(定额成本)		4 500			4 500

图表 7-12

产品成本明细账

产品名称：B(副产品)

月	日	摘 要	产量(件)	原 材 料	直接人工	制造费用	成本合计
9	30	在产品成本(定额成本)					
10	31	本月生产费用					
	31	生产费用累计					
	31	本月产成品成本					
	31	产成品单位成本					
	31	在产品成本(定额成本)					

会计分录：

第八章 标准成本法

习 题 41

练习直接材料成本差异的计算

作业日期_____年_____月_____日

姓名	
成绩	

（一）资料　某公司预计生产甲产品为 180 件，耗用 A 材料为 2 160 千克，其标准的直接材料成本为 108 000 元。假定该公司会计期间实际耗用需 2 500 千克直接材料，生产 200 件，其实际直接材料成本是 120 000 元。

（二）要求　计算甲产品直接材料成本的材料价格差异和材料数量差异，并编制有关的会计分录。

习 题 42

练习直接人工成本差异的计算

姓 名	
成 绩	

作业日期＿＿＿＿年＿＿＿＿月＿＿＿＿日

（一）**资料** 某公司预计生产乙产品为 1 500 件、耗用直接人工工时为 4 500 工时，其标准的直接人工成本为 18 000 元。假定该公司会计期间实际耗用 4 900 工时，其实际直接人工成本是 20 825 元。

（二）**要求** 计算甲产品直接人工成本的工资率差异和人工效率差异，并编制有关的会计分录。

习 题 43

练习直接材料和直接人工成本差异的计算

作业日期＿＿＿＿年＿＿＿＿月＿＿＿＿日

姓名	
成绩	

（一）**资料** 华能公司使用某种原材料生产乙产品,其直接材料和直接人工的标准成本资料如图表 8-1 所示。

图表 8-1

标 准 成 本

成本项目	价格标准	数量标准	标准成本（元）
直接材料	3元/千克	3千克	9
直接人工	5元/工时	3.6工时	18

1. 本月实际耗用材料为 5 760 千克,材料实际成本为 20 160 元。
2. 本月实际用工为 6 800 小时,人工成本为 32 640 元。
3. 本期购进的材料全部用于生产,共生产甲产品 1 800 件。

（二）要求

1. 计算本月份的材料价格差异与材料数量差异。
2. 计算本月份的人工工资率差异与人工效率差异。
3. 编制有关的会计分录。

习 题 44

练习制造费用成本差异的计算

作业日期____年____月____日

姓名	
成绩	

(一) 资料 大华公司本年度制造费用有关资料如下：

固定性制造费用预算总额	40 000 元
变动性制造费用标准费率	5 元/时
实际产量耗用工时	9 200 小时
实际发生制造费用	90 000 元
（其中 40 320 元为固定部分）	
实际产量耗用标准工时	10 000 小时
预计生产能量标准工时	9 800 小时

(二) 要求 计算本年度制造费用成本差异（固定制造费用差异使用二因素和三因素分析法分别计算），并编制有关的会计分录。

习 题 45

练习直接人工和制造费用差异的计算

姓名	
成绩	

作业日期＿＿＿＿年＿＿＿＿月＿＿＿＿日

（一）资料　乐美公司采用标准成本计算产品成本，它的加工成本的标准如图表 8-2 所示。

图表 8-2

加工成本标准

成 本 项 目	价 格 标 准 （元/工时）	用 量 标 准 （小时）
直接人工	4	3
变动制造费用	2	3
固定制造费用	1	3

上述费用分配率是按 9 000 件标准产量计算的。

本月份该公司实际生产 8 500 件，其实际加工成本资料为：实际工时总数 25 000 工时；实际人工费用 105 000 元；实际制造费用 78 000 元（其中变动制造费用为 51 000 元）。

（二）要求

1. 计算人工工资率差异和人工效率差异。
2. 计算变动制造费用的耗费差异与效率差异。
3. 计算固定制造费用的耗费差异和能量差异。
4. 计算固定制造费用的耗费差异、闲置能量差异和效率差异。
5. 分别编制有关的会计分录。

习 题 46

练习标准成本九因素分析

姓 名	
成 绩	

作业日期＿＿＿＿年＿＿＿＿月＿＿＿＿日

(一) 资料 华亭公司生产 A 产品，5 月份有关 A 产品单位产品标准成本的资料如图表 8-3 所示。

图表 8-3

A 产品单位产品标准成本

项　　目	单位标准	用量标准	标准成本（元/件）
直接材料	50 元/千克	3 千克/件	150
直接人工	3 元/小时	20 小时/件	60
变动制造费用	2 元/小时		40
固定制造费用	1 元/小时		20
单位 A 产品标准成本			270

该公司产品的正常生产能量为 55 件，实际产量为 50 件，有关 A 产品实际单位成本的资料如图表 8-4 所示。

图表 8-4

A 产品实际单位成本

项　　目	单价标准	用量(实际)	实际成本
直接材料	45 元/千克	3.2 千克/件	144 元/件
直接人工	3.2 元/小时	19 小时/件	60.8 元/件
变动制造费用	2.2 元/小时		41.8 元/件
固定制造费用	1.1 元/小时		20.9 元/件

(二) 要求 根据上述资料，进行各项成本差异的分析(固定制造费用采用三因素分析法)，并编制相关的会计分录。

第九章 变动成本法

习 题 47

练习分解混合成本

姓名	
成绩	

作业日期＿＿＿＿年＿＿＿＿月＿＿＿＿日

(一) 资料

某企业 2007 年 1～12 月份实际发生的机器小时及维修成本(见图表 9-1)所示。预计 2008 年 1 月份将实际发生 800 机器小时。

图表 9-1

机器小时及维修成本表

月 份	机器小时(业务量)	维修成本(混合成本)(元)
1	532	156
2	623	178
3	480	130.5
4	560	142
5	378	116
6	400	141
7	428	138
8	617	148
9	375	114
10	586	155
11	430	120
12	610	151
合 计	6 019	1 689.5

(二)要求

按回归直线法的要求编制下表(见图表 9-2),并预计 2008 年 1 月维修成本。

图表 9-2

回归直线法计算表

金额单位:元

月份 n	机器小时(业务量) x_i	维修成本(混合成本) y_i	$x_i y_i$	X_i^2
1				
2				
3				
4				
5				
6				
7				
8				
9				
10				
11				
12				
$n=$	$\sum x_i =$	$\sum y_i =$	$\sum x_i y_i =$	$\sum X_i^2 =$

习 题 48

练习计算变动成本法与完全成本法

姓 名	
成 绩	

作业日期＿＿＿年＿＿＿月＿＿＿日

(一) 资料

EB公司最近三个会计年度的有关资料如图表9-3所示。

图表 9-3

EB公司有关会计资料

项　　目	第 一 年	第 二 年	第 三 年
期初存货(件)			
生产量(件)	4 000	4 000	4 000
销售量(件)	4 000	3 500	4 500
期末存货(件)		500	
单位产品售价(元)	50	50	50
单位产品变动费用(元)	28	28	28
固定制造费用(元)	30 000	30 000	30 000
固定营业与管理费用(元)	8 000	8 000	8 000

(二) 要求

1. 根据上例资料,分别采用变动成本法与完全成本法计算营业利润,并分别填制下面两张表格(见图表9-4,图表9-5)。

图表 9-4

完全成本法计算表

单位:元

项　　目	第1年	第2年	第3年	合　计
主营业务收入				
主营业务成本				
期初库存成品成本				
加:本月生产产品成本				
可供销售产品成本				

(续表)

项目	第1年	第2年	第3年	合计
减：期末库存产成品成本				
主营业务成本				
销售利润				
销售费用				
管理费用和财务费用				
营业利润				

图表 9-5

变动成本法计算表

单位：元

项目	第1年	第2年	第3年	合计
主营业务成本				
变动成本				
期初库存产成品成本				
加：本月生产产品成本				
可供销售产品成本				
减：期末库存产成品成本				
（销售产品）变动成本				
生产创利额				
减：变动经营管理费用				
企业创利额				
减：固定成本				
固定制造费用				
固定经营管理费用				
营业利润				

2. 说明以上两种计算方法的差异及其产生差异的原因。
3. 试比较说明变动成本法与完全成本法的优缺点及其适当范围。

习 题 49

练习产品成本计算方法的综合运用

作业日期＿＿＿年＿＿＿月＿＿＿日

姓名	
成绩	

（一）资料　江南家具制造公司设有小件、大件、总装三个基本生产车间,小件车间生产各种配件,配件完工后交自制半成品仓库,2008年7月份生产甲、乙、丙三种配件。大件车间生产M、N两种部件,完工后交自制半成品仓库。总装车间是按定单组织生产,根据产品型号领用各种配件、部件由总装车间装配成产成品。下面用图表列示产品生产过程(见图表9-6)。

图表9-6

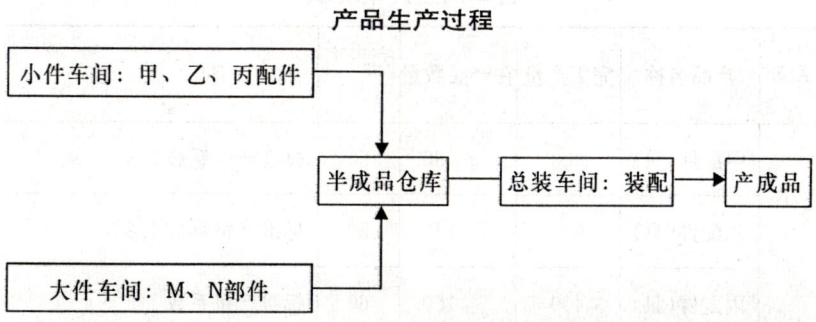

产品生产过程

江南家具制造公司把几种成本计算方法结合起来计算产成品成本。小件车间生产的配件由于用料相同、工艺类似,宜采用分类法计算成本,然后按标准产量系数分别计算各种配件的完工产品总成本和单位成本。大件车间按M、N两种部件名称开设成本计算单,用品种法进行成本计算,该公司生产的各种配件、部件均系一次投料,逐步加工。

2008年7月,总装车间装配101批号的大衣柜和201批号的小衣柜两种产品,其中耗用配件、部件情况如图表9-7所示。

7月份该公司总装车间按投产数量向半成品仓库领用各种配件及部件。

图表 9-7

耗用配件、部件情况表

产品 \ 半成品	甲配件	乙配件	丙配件	M 部件	N 部件
大衣柜	1		1	1	
小衣柜		2			1

1. 7月份各车间的生产情况如图表 9-8 所示。

图表 9-8

各车间生产情况表

车间	产品名称	完工产量	在产品数量	完工率（％）	备注
小件	甲配件（只）	300	80	50	标准产量系数 0.8
	乙配件（只）	600	140	50	标准产量系数 1.2
	丙配件（只）	400	100	60	标准产量系数 1
大件	M 部件（件）	200	60	50	材料费用定额 80 元，工时定额 10 小时
	N 部件（件）	180	80	75	
总装	大衣柜（件）	100			本月投产，全部完工
	小衣柜（件）		120	70	本月投产，全部未完工

2. 成本资料已归集在各车间有关的成本计算单上列示（见图表 9-9，图表 9-11，图表 9-12）。

图表 9-9

产品成本计算单

车间：小件车间
产品名称：配件类　　　　2008 年 7 月　　　　　　　　单位：元

摘　　要	直接材料	直接人工	制造费用	合　　计
月初在产品定额成本	6 540	3 170	2 400	12 110
本月生产费用	38 595	18 556	14 124	71 275
生产费用合计				
完工产品成本				
月末在产品定额成本	5 015	2 414	1 836	9 265

图表 9-10

配件成本分配计算表

2008 年 7 月　　　　　　　　金额单位：元

零件名称	实际产量(只)	标准产量系数	标准产量(只)	成　本　项　目			总成本	单位成本
				直接材料	直接人工	制造费用		
分配率	—	—	—					
甲								
乙								
丙								
合　计								

图表 9-11

产品成本计算单

　　　　　　　　　　　　　　　　　　　　　　　在产品数量：
　　　　　　　　　　　　　　　　　　　　　　　完工产量：
车间：大件　　　　　　　　　　　　　　　　　　完工率：
产品名称：M 部件　　　　2008 年 7 月　　　　　单位：元

摘　　要	直接材料	直接人工	制造费用	合　　计
月初在产品成本	5 800	606	411.75	
本月生产费用	13 700	1 970	1 020	

(续表)

摘 要		直接材料	直接人工	制造费用	合 计
生产费用合计					
分配率					
完工产品	定额				
	实际				
在产品	定额				
	实际				

图表 9-12

产品成本计算单

车间：大件　　　　　　　　　　　　　　　　在产品：
　　　　　　　　　　　　　　　　　　　　　完工产量：
产品名称：N 部件　　2008 年 7 月　　　　　完工率：
　　　　　　　　　　　　　　　　　　　　　单位：元

摘 要	直接材料	直接人工	制造费用	合 计
月初在产品成本	5 340	1 350	620	7 310
本月生产费用	11 430	3 690	1 420	16 540
生产费用合计				
单位成本（分配率）				
完工产品成本				
月末在产品成本				

（二）要求

1. 按上述资料计算小件车间的生产费用在完工产品和在产品之间的分配，分配采用"在产品按定额成本计价法"，完工产品总成本在各配件之间采用"标准产量系数分配法"（见图表 9-10）。

2. 按上述资料计算大件车间的生产费用在完工产品和在产品之间的分配，M 部件采用"定额比例法"、N 部件按"约当产量比例法"。

3. 登记自制半成品明细账(见图表9-13～9-19),半成品发出计价采用"后进先出法"(自制半成品明细账采用分成本项目登账的方法)。

图表9-13

自制半成品明细账

半成品名称:甲配件

2008年		摘要	数量(只)	直接材料		直接人工		制造费用		合计	
月	日			单价	金额	单价	金额	单价	金额	单价	金额
7	1	期初余额	50	15.50	775	12.10	605	8.10	405	35.70	1 785
7	31	完工入库									
7	31	总装车间领用									
7	31	期末余额									

图表9-14

自制半成品明细账

半成品名称:乙配件

2008年		摘要	数量(只)	直接材料		直接人工		制造费用		合计	
月	日			单价	金额	单价	金额	单价	金额	单价	金额
7	31	完工入库									
7	31	总装车间领用									
7	31	期末余额									

图表9-15

自制半成品明细账

半成品名称:丙配件

2008年		摘要	数量(只)	直接材料		直接人工		制造费用		合计	
月	日			单价	金额	单价	金额	单价	金额	单价	金额
7	31	完工入库									
7	31	总装车间领用									
7	31	期末余额									

图表 9-16

自制半成品明细账

半成品名称：M 部件

2008年		摘要	数量(件)	直接材料		直接人工		制造费用		合计	
月	日			单价	金额	单价	金额	单价	金额	单价	金额
7	1	期初余额	10	53.30	533	18.20	182	12.50	125	84	840
7	31	完工入库									
7	31	总装车间领用									
7	31	期末余额									

图表 9-17

自制半成品明细账

半成品名称：N 部件

2008年		摘要	数量(件)	直接材料		直接人工		制造费用		合计	
月	日			单价	金额	单价	金额	单价	金额	单价	金额
7	31	完工入库									
7	31	总装车间领用									
7	31	期末余额									

图表 9-18

产品成本明细账

车间：总装
批号：♯101　　　　　　　　　　　　　批量：100 件
名称：大衣柜　　　　2008 年 7 月　　　完工：本月全部完工

2008年		摘要	直接材料	直接人工	制造费用	合计
月	日					
7	31	本月费用(总装加工费)		4 500	3 150	7 650
	31	耗用甲配件(100 只)				
	31	耗用丙配件(100 只)				

(续表)

2008年		摘　　要	直接材料	直接人工	制造费用	合　　计
月	日					
	31	耗用M部件(100件)				
	31	生产费用合计				
	31	完工产品总成品				
	31	完工产品单位成本				

图表 9-19

产品成本明细账

车间：总装

批号：♯201　　　　　　　　　　　批量：120件

名称：小衣柜　　　　2008年7月　　完工：本月全部尚未完工

2008年		摘　　要	直接材料	直接人工	制造费用	合　　计
月	日					
7	31	本月生产费用(总装加工费)		2 800	1 960	4 760
	31	耗用乙配件(240只)				
	31	耗用N部件(120件)				
	31	生产费用合计				

4. 根据上述资料以及自制半成品明细账的资料计算总装车间的成本，各种类型的产品领用配料、部件成本项目分项转入各批的产品成本计算单。

5. 作出有关自制半成品入库和领用，产成品入库的会计分录。

第十章 作业成本法

习题 50

练习作业成本分配方法

作业日期＿＿＿＿年＿＿＿＿月＿＿＿＿日

姓名	
成绩	

(一) 资料 经分析，某服装公司的缝纫车间可以归纳出裁剪、机器缝纫、手工锁眼和钉扣、熨烫、检验、车间管理 6 项作业，并确认为关键性作业，作为 6 个作业中心。其中缝纫车间——机器缝纫(作业 2)的明细账及其"作业成本分配表"资料如图表 10-1、图表 10-2 所示。

图表 10-1

缝纫车间——机器缝纫(作业 2)明细账

2008 年 2 月

项 目	直接人工成本	折旧费	动力费	缝纫线	机物料消耗	合 计
……	……	……	……	……	……	……
发生额合计	120 000	328 000	95 000	3 500	2 500	549 000
本月转出	120 000	328 000	95 000	3 500	2 500	549 000
本月结余	0	0	0	0	0	0

图表 10-2

作业成本分配表

2008 年 2 月 　　　　　　　　　　　　　　金额单位：元

项 目		作业 1	作业 2	作业 3	作业 4	作业 5	作业 6	合 计
本期成本发生额		132 000	549 000	281 600	212 000	149 600	275 400	1 599 600
分配基础	裁剪批次(次)	11						
	机器台时(小时)		4 500					

(续表)

项目		作业1	作业2	作业3	作业4	作业5	作业6	合计
分配基础	人工工时（小时）			14 080				
	机器台时（小时）				4 000			
	检验时间（小时）					176		
	实际产量×预计单位售价						4 590 000	
西服耗用作业量（小时）		5	2 800	8 000	2 400	82	3 180 000	
衬衣耗用作业量（小时）		6	1 700	6 080	1 600	94	1 410 000	
预算分配率		12 050	125	18	55	846	0.062	

(二) 要求

1. 根据上述资料，按实际作业成本和实际分配基础，计算实际成本分配率，并以实际分配率来分配作业成本，编制缝纫车间"作业成本分配表"（见图表10-3）。

图表10-3

作业成本分配表

年　月　　　　　　　　　金额单位：元

项目		作业1	作业2	作业3	作业4	作业5	作业6	合计
本期成本发生额								
分配基础	裁剪批次（次）							
	机器台时（小时）							
	人工工时（小时）							

(续表)

项　　目		作业1	作业2	作业3	作业4	作业5	作业6	合　计
分配基础	机器台时（小时）							
	检验时间（小时）							
	实际产量×预计单位售价							
实际成本分配率								
西服耗用作业量								
衬衣耗用作业量								
西服应负担成本								
衬衣应负担成本								

2. 按照预算分配率编制缝纫车间"已分配作业成本调整表"（见图表 10-4），并列式计算各项作业调整率（计算结果保留小数 4 位）。

图表 10-4

已分配作业成本调整表

年　　月　　　　　　　　　　　　金额单位：元

项　　目		作业1	作业2	作业3	作业4	作业5	作业6	合　计
本期成本发生额		1						
分配基础	裁剪批次（次）							
	机器台时（小时）							
	人工工时（小时）							
	机器台时（小时）							
	检验时间（小时）							

(续表)

项　　目		作业1	作业2	作业3	作业4	作业5	作业6	合　计
分配基础	实际产量×预计单位售价							
预算分配率								
西服耗用作业量								
衬衣耗用作业量								
西服应负担成本								
衬衣应负担成本								
已分配成本合计								
作业调整率								
西服成本调整额								
衬衣成本调整额								
调整额合计								
调整后的西服成本								
调整后的衬衣成本								

3. 简要说明作业成本法的主要特点。

第十一章　商品流通企业成本

习 题 51

练习库存商品的计价方法

姓 名	
成 绩	

作业日期＿＿＿年＿＿＿月＿＿＿日

（一）资料　某商品流通企业 2008 年 10 月有关丙商品的收发业务情况如下：

10月1日	期初结存	600千克	@20元	12 000元
10月5日	购　进	300千克	@18元	5 400元
10月7日	销　售	500千克		
10月12日	发出加工	40千克		
10月16日	购　进	700千克	@21元	14 700元
10月20日	销　售	260千克		
10月25日	销　售	400千克		
10月26日	购　进	500千克	@19元	9 500元
10月28日	销　售	470千克		
10月30日	购　进	100千克	@17元	1 700元

（二）要求　根据上述有关资料，分别按先进先出顺算法、先进先出倒算法、后进先出顺算法、后进先出倒算法、加权平均顺算法、加权平均倒算法、移动加权平均法等存货计价方法登记库存商品明细账，计算有关销售丙商品的成本。

注：① 单价计算结果可保留小数 4 位，其余计算结果保留小数 2 位。

② 凡其他销售（发出加工）发出商品的，为简化核算，按期初结存商品的单价计算。

二、成本会计习题   135

1. 按先进先出顺算法填制库存商品明细账(见图表 11-1)。

图表 11-1

库存商品明细分类账

类别：　　　　编号：　　　　品名：　　　　规格：

年		凭证		摘要	增加				减少				结存		
					数量		单价	金额	数量		单价	金额	数量	单价	金额
月	日	字	号		购进	其他			销售	其他					

2. 按先进先出倒算法填制库存商品明细账(见图表 11-2)。

图表 11-2

库存商品明细分类账

类别：　　　　编号：　　　　品名：　　　　规格：

年		凭证		摘要	增加				减少				结存		
					数量		单价	金额	数量		单价	金额	数量	单价	金额
月	日	字	号		购进	其他			销售	其他					

3. 按后进先出顺算法填制库存商品明细账(见图表 11-3)。

图表 11-3

库存商品明细分类账

类别:　　　　　编号:　　　　　品名:　　　　　规格:

年		凭证		摘要	增　加				减　少				结　存		
					数　量		单价	金额	数　量		单价	金额	数量	单价	金额
月	日	字	号		购进	其他			销售	其他					

4. 按后进先出倒算法填制库存商品明细账(见图表 11-4)。

图表 11-4

库存商品明细分类账

类别:　　　　　编号:　　　　　品名:　　　　　规格:

年		凭证		摘要	增　加				减　少				结　存		
					数　量		单价	金额	数　量		单价	金额	数量	单价	金额
月	日	字	号		购进	其他			销售	其他					

二、成本会计习题

5. 按加权平均顺算法填制库存商品明细账(见图表11-5)。

图表11-5

库存商品明细分类账

类别：　　　　　编号：　　　　　品名：　　　　　规格：

年		凭证		摘要	增加				减少			结存		
					数量		单价	金额	数量		单价	金额	数量	单价	金额
月	日	字	号		购进	其他			销售	其他					

6. 按加权平均倒算法填制库存商品明细账(见图表11-6)。

图表11-6

库存商品明细分类账

类别：　　　　　编号：　　　　　品名：　　　　　规格：

年		凭证		摘要	增加				减少			结存		
					数量		单价	金额	数量		单价	金额	数量	单价	金额
月	日	字	号		购进	其他			销售	其他					

7. 按移动加权平均法填制库存商品明细账(见图表11-7)。

图表11-7

库存商品明细分类账

类别：　　　　编号：　　　　品名：　　　　规格：

年		凭证		摘要	增加				减少				结存		
月	日	字	号		数量		单价	金额	数量		单价	金额	数量	单价	金额
					购进	其他			销售	其他					

习 题 52

练习毛利率法的核算

姓名	
成绩	

作业日期_____年_____月_____日

(一) 资料 某批发企业第一季度甲类商品销售收入为 1 800 000 元,其已销商品的进价成本为 1 476 000 元;4 月份该类商品的销售收入为 345 000 元,货款已收讫。

(二) 要求

1. 用毛利率法计算 4 月份该类商品的进价成本。
2. 编制商品销售和结转商品销售成本的会计分录。

习 题 53

练习库存商品成本核算

作业日期＿＿＿＿年＿＿＿＿月＿＿＿＿日

姓 名	
成 绩	

(一) 资料　某商品批发企业采用毛利率法计算已销商品进价成本。1月初库存商品余额为28 000元。1月份购入商品的进价成本为68 000元，商品销售收入为105 000元；2月份购入商品的进价成本为90 000元，商品销售收入为120 000元；3月份购入商品的进价成本为80 800元，商品销售收入为112 000元，以上收入均已收讫存入银行。3月末对商品进行盘存，"库存商品"3月末实际余额为10 800元。该企业1季度计划毛利率为20%（增值税略）。

(二) 要求

1. 用毛利率法计算1月、2月、3月份商品销售成本。

2. 作1月、2月、3月份结转入库商品成本、商品销售和结转商品销售成本的会计分录。

习 题 54

练习商品进销差价核算

作业日期_____年_____月_____日

姓 名	
成 绩	

(一) 资料 华佗零售店月末分配前有关账户的余额如下:"商品进销差价"账户贷方余额为 30 000 元;"库存商品"账户余额为 105 000 元;"主营业务收入"账户余额为 135 000 元。

(二) 要求

1. 计算本月已销商品应分摊的进销差价。
2. 作相应的会计分录。

习 题 55

练习已销商品进销差价的计算和核算

姓 名	
成 绩	

作业日期＿＿＿年＿＿＿月＿＿＿日

（一）资料 兴隆商店三个柜组4月底"库存商品"、"商品进销差价"和"主营业务收入"账户的余额如图表11-6所示。

图表11-6

账 户 余 额 表

单位：元

营业柜组	本月商品销售额 1	月末库存商品余额 2	月末进销差价余额（调整前） 3	差价率 $4=\dfrac{3}{1+2}$	已销商品进销差价 $5=1\times 4$	库存商品进销差价 $6=3-5$ 或 2×4
百货柜	21 000	5 400	3 696			
家电柜	53 200	10 800	9 600			
装饰品柜	31 400	8 600	6 400			
合 计	105 600	24 800	19 696			

（二）要求 填写上表并编制记账凭证。

习 题 56

练习进销差价率法的核算

姓 名	
成 绩	

作业日期_____年_____月_____日

(一) 资料　林灵商城是采用售价金额核算的企业,12月末调整商品销售成本前有关账户余额资料如下:

主营业务收入	44 000 元
主营业务成本	44 000 元
商品进销差价	15 965 元
库存商品	51 800 元

年末盘点商品按售价金额计算的库存商品金额为 51 500 元,上月商品进销差价率为 15%。

(二) 要求

1. 用上月进销差价率计算法计算已销商品的进销差价,并编制调整商品主营业务的会计分录。

2. 在上述要求的基础上,用实际商品差价进一步调整商品销售成本(按进价计算的库存商品金额为 42 900 元),编制必要的会计分录。

习 题 57

练习售价金额核算

姓 名	
成 绩	

作业日期_____年_____月_____日

(一) 资料 天工连锁店库存商品采用售价金额核算,2008年11月30日的余额资料如下:

   库存商品   借方   800 000 元

   商品进销差价 贷方   176 000 元

   商品采购   借方   84 000 元

2008年12月,该商店发生如下经济业务:

1. 采购商品一批,开出商业承兑汇票支付以下价款。价款中:买价为600 000元、增值税为102 000元、装卸运输费为5 000元。商品已验收入库,核定的零售价格为1 020 000元(不含税)。

2. 销售上述部分商品,售价为234 000元(价税合计)。款已收妥,存入银行。

3. 收到上期采购的商品,经验收后入库。核定的零售价格为120 000元(不含税)。

4. 用银行存款支付销售费用17 200元。

5. 支付水电费450元,用现金付讫。

6. 结转商品主营业务成本。

7. 计算上月进销差价率,计算已销商品应分摊的进销差价。

8. 12月31日,通过实地盘点,计算得出结存商品的进销差价金额为220 000元。

(二) 要求

1. 根据上述经济业务,编制必要的会计分录。

2. 计算当期应缴纳的增值税,编制交纳税金的会计分录。

第十二章　成本费用控制

习　题　58

练习对存货计价方法的分析

姓　名	
成　绩	

作业日期＿＿＿＿年＿＿＿＿月＿＿＿＿日

（一）资料

某公司销售 A 商品，期初有甲商品存货 100 件，每件单价 200 元。本期分三次购入 300 件，第一批 100 件的单价为 210 元，第二批 100 件的单价为 230 元，第三批 100 件的单价为 250 元。本期销售卖出 250 件，期末结存 150 件。

（二）要求

1. 分别计算在先进先出法、后进先出法、加权平均法下，本期发出存货成本和期末存货成本，并填制下表（见图表 12-1）。

图表 12-1

存货计价方法对损益的影响

单位：元

项　　目	先进先出法	加权平均法	后进先出法
期初存货 100 件			
本期购入 300 件			
本期发出 250 件			
期末存货 150 件			
销售收入 250 件，单价 300 元			
销售成本			
销货毛利			

2. 结合上述计算及其结果，说明如何加强存货计价方法控制的方法。

习 题 59

练习成本费用的分析与控制

作业日期_____年_____月_____日

姓 名	
成 绩	

(一) 资料 有关成本费用方面的案例介绍如下:

1. 有的企业为确保目标利润的实现,采取转移成本费用的作弊手段,从本期发生的期间费用总额中,转出一部分数额列作待摊费用。例如,某企业年计划利润 100 万元,1~11 月份已实现利润 79 万元,预计 12 月最多能实现 10 万元。为保证完成 100 万元的目标利润,该企业在期间费用方面作了手脚,从管理费用和营业费用总额中各转出 10 万元记入"待摊费用"账户,并结转下年度挂账,从而使当年利润虚增 20 万元,人为地实现了目标利润。

2. 某企业生产甲产品,每月完工产品和在产品的数量比例一般为 4:1。1~11 月份采用"在产品成本按完工产品成本计算"的分配方法,每月的生产费用按完工产品和在产品的数量比例进行分配。由于生产经营状况良好,实现的利润数额已超过全年利润指标,企业为控制利润的增长幅度,于是在 12 月份采取了调增产品成本的措施,即将正在采用的"在产品成本按完工产品成本计算"的分配方法,于 12 月份改变为采用"不计算在产品成本"的分配方法,使 12 月份的完工产品多分配生产费用 40 万元。

3. 某企业为控制利润的增长幅度,在结转产品销售成本方面动了手脚,有意提高产品成本差异率,多转产品销售成本,使利润下降。12 月份人为将差异率定为 11%,比实际差异率提高 2%,该月销售产品结转的计划成本为 3 000 万元,人为结转成本差异为 330 万元,比应结转数额多结转 60 万元。

4. 某企业采用逐步结转分步法计算产品成本,为了控制下年利润下降的幅度,便在当年产品成本的结转上做文章,采取少留在产品成本多转完工产品成本的违纪手段,来压低当年利润的实现数额。其具体做法是：公司本部指令一车间（第一个加工步骤）往二车间（第二个加工步骤）多结转半成品成本 50 万元；指令二车间往三车间（总装车间）多转 100 万元半成品成本；指令三车间在产品加工、组装完毕后，多转完工产品成本 200 万元。完工产品入库后，按合同规定已全部发出，期末结转的产品销售成本多计 200 万元，由此，使当年利润少实现 200 万元。

(二) 要求 按照加强成本费用控制的要求，针对以上案例，分析问题产生的原因，发表审查意见，提出整改措施或管理建议。

习 题 60

练习审查成本费用

姓名	
成绩	

作业日期＿＿＿＿年＿＿＿＿月＿＿＿＿日

（一）资料　某企业有关产品成本费用核算审查案例。

1. 疑点。

查账人员在审阅某工业企业××年"生产成本——基本生产成本"总账时，发现期末金额很小。这表明在产品成本很低，但查账人员对该企业调研时，发现在产品数量很大，进一步审阅"在产品收支结存账"等资料，证实了在产品结存数量确实很大，而账面在产品成本很低的现象。

查账人员认为在完工产品与在产品分配费用时，存在有意加大完工产品成本的问题。

2. 查证。

查账人员审查生产成本计算单或明细账，发现在完工产品与在产品费用分配方法上，使用在产品成本按定额成本计价法，进一步审阅了月末在产品定额成本计算表，得知工时定额定的太低，而且燃料和动力费单位工时定额、工资福利单位工时定额和制造费用单位工时定额定的也太低。

实际上，因电费的调价，工人工资的增加，按工资总额提取的福利费的提高以及各项费用开支标准的提高（如差旅补贴标准提高）等，使制造费用总额必然相应提高，使各个项目的单位工时定额有所提高。但被查单位对上述这些变动因素全未给予考虑，在计算月末在产品定额成本时，仍采用以往单位工时定额，所以降低了月末在产品定额成本，相反加大了完工产品成本。少计利润，必然少交纳所得税。

3. 问题。

被查单位为了少交纳所得税，故意将应该记入在产品成本的费用而计入完工产品成本。

(二) **要求** 请代查账人员对该企业存在的问题提出整改意见,并提出加强企业内部成本费用控制的管理建议。

第十三章 责任成本

习 题 61

练习成本中心业绩考评

姓名 _____
成绩 _____

作业日期_____年_____月_____日

(一) 资料 某公司某一成本中心某年度业绩报告主要内容如图表 13-1 所示。

图表 13-1

年度业绩报告

单位：万元

项 目	预算数	实际数	差异额	差异(%)
1. 可控成本：				
直接材料	2 300	2 400		
直接人工	1 700	1 500		
制造费用	900	600		
合　　计	4 900	4 500		
2. 不可控成本：				
设备折旧	1 360	1 200		
其他管理费用	500	800		
合　　计	1 860	2 000		

(二) 要求

1. 填列上表的"差异数"和"差异%"栏,分析有关项目增减变动可能发生的原因。

2. 说明该责任中心业绩报告情况。

第十四章　成本会计报表与分析

习题 62

练习材料费用因素分析

姓名	
成绩	

作业日期＿＿＿＿年＿＿＿＿月＿＿＿＿日

（一）资料　某公司 2008 年 8 月份 A 原材料费用的实际数为 243 540 元，而计划数为 240 000 元，有关数据见图表 14-1。

图表 14-1

A 原材料因素分析资料

单位：元

项　目	单　位	计划数	实际数	差　异
产品产量	台	1 000	900	
单位材料消耗量	千克	40	41	
材料单价	元	6	6.60	
材料费用总额	元	240 000	243 540	

（二）要求

1. 采用连环替代法计算分析。

2. 采用差额计算法计算分析。

3. 具体说明 A 原材料增减变动的原因。

习 题 63

练习成本降低额和降低率的计算

作业日期＿＿＿＿年＿＿＿＿月＿＿＿＿日

姓 名	
成 绩	

（一）资料　某企业生产 A、B、C、D 四种可比产品，本年计划产量、实际产量及上年实际单位成本、本年计划单位成本、本年实际单位成本资料如图表 14-2 所示。

图表 14-2

A、B、C、D 产品产量、单位成本资料

金额单位：元

可比产品名称	计量单位	本年计划产量	本年实际产量	上年实际单位成本	本年计划单位成本	本年实际单位成本
A	吨	5 000	5 500	8.00	7.84	7.80
B	千克	10 000	12 000	3.50	3.36	3.395
C	件	1 000	1 100	20.00	18.54	18.00
D	包	800	600	50.00	48.50	48.40

（二）要求

1. 计算该企业本年全部可比产品成本计划降低额和计划降低率。

   可比产品成本计划降低额＝

   可比产品成本计划降低率＝

2. 计算该厂本年全部可比产品成本实际降低额和降低率。

   可比产品成本实际降低额＝

   可比产品成本实际降低率＝

3. 假定同行业本年可比产品成本降低率为 3.5%，问该企业能否完成同行业可比产品成本降低率指标？

二、成本会计习题

习 题 64

练习可比产品成本降低指标完成情况分析(一)

姓 名	
成 绩	

作业日期＿＿＿＿年＿＿＿＿月＿＿＿＿日

(一) 资料 某企业本年度生产甲、乙两种可比产品,其商品产品成本表如图表 14-3 所示。

图表 14-3

商品产品成本表

单位:元

产品名称	计量单位	产 量		单 位 成 本			总 成 本		
		本年计划	本年实际	上年实际	本年计划	本年实际	按上年实际单位成本计算	按本年计划单位成本计算	按本年实际单位成本计算
		1	2	3	4	5=8÷2	6=3×2	7=4×2	8=5×2
甲产品	台	1 200	1 600	240	220	210	384 000	352 000	336 000
乙产品	台	1 080	1 100	460	440	442	506 000	484 000	486 200
合 计	—	—	—	—	—	—	890 000	836 000	822 200

(二) 要求

1. 计算该企业本年度可比产品成本计划降低额和降低率。

① 计划降低额＝

② 计划降低率＝

2. 计算该企业本年度可比产品成本实际降低额和降低率。

① 实际降低额＝

② 实际降低率＝

3. 综合可比产品成本降低计划的完成情况,填制下表(见图表 14-4):

图表 14-4

可比产品成本降低计划完成情况

项 目	计 划 数	实 际 数	差 异 数
降低额(元)			
降低率(%)			

4. 分析计算影响可比产品成本降低率计划指标完成的各项因素。

5. 分析计算影响可比产品成本降低额计划指标完成的各项因素。

习 题 65

练习可比产品成本降低指标完成情况分析(二)

作业日期＿＿＿年＿＿＿月＿＿＿日

姓名	
成绩	

(一) 资料 某企业本年度生产甲、乙、丙三种产品，其中甲、乙产品是可比产品。本年度"商品产品成本表"如图表 14-5 所示。

图表 14-5

商品产品成本表

单位：元

产品名称	计量单位	商品产量		单位产品成本			本期商品产品实际总成本		
		本年计划	本年实际	上年实际平均	本年计划	本年实际	按上年实际平均单位成本计算	按本年计划单位成本计算	按本年实际单位成本计算
甲	产	1	2	3	4	5=8÷2	6=3×2	7=4×2	8
一、可比产品合计							2 000 000	1 876 000	1 845 000
甲产品	件	900	1 000	1 200	1 100	1 080	1 200 000	1 100 000	1 080 000
乙产品	件	1 100	1 000	800	776	765	800 000	776 000	765 000
二、不可比产品合计									
丙产品	件	600	700		440	300		280 000	210 000
全部商品产品成本		—	—	—	—	—	—	2 156 000	2 055 000

(三) 要求

1. 计算该企业本年度可比产品成本计划降低额和降低率。

计划降低额＝

计划降低率＝

2. 计算该企业本年度可比产品成本实际降低额和降低率。

实际降低额＝

实际降低率＝

3. 分析计算可比产品成本降低计划的完成情况，填制下表（见图表 14-6）：

图表 14-6

可比产品成本降低计划完成情况

项　　目	计 划 数	实 际 数	差 异 数
降低额（元）			
降低率（%）			

4. 分析计算影响成本降低率计划指标完成的因素。
5. 分析计算影响可比产品成本降低额计划指标完成的因素。
6. 对以上分析作出简要的文字说明。

习 题 66

练习主要产品单位成本表的分析（一）

姓名	
成绩	

作业日期＿＿＿年＿＿＿月＿＿＿日

(一) 资料　某产品直接材料费用：计划为 375 元，实际为 378 元。经查，单位产品原材料消耗：计划为 15 千克，实际为 18 千克；材料单价：计划为 25 元，实际为 21 元。

直接人工费用：计划为 160 元，实际为 210 元。经查，单位产品的工时消耗：计划为 40 小时，实际为 35 小时；每小时工资费用：计划为 4 元，实际为 6 元。

(二) 要求

1. 采用差额计算分析法计算原材料消耗数量和材料单价变动对直接材料费用以及原材料费用变动的影响程度。

2. 采用差额计算分析法，计算工时消耗数量和每小时工资费用对直接人工费用以及直接人工费用变动的影响程度。

习 题 67

练习主要产品单位成本表的分析(二)

姓名	
成绩	

作业日期_____年_____月_____日

(一) 资料 某企业 A 产品单位成本表如图表 14-7 所示。

图表 14-7

主要产品单位成本表

产品名称：A 产品　　　　　　　　　　　　　　　　金额单位：元

成 本 项 目	上年实际平均	本年计划	本期实际
原材料	1 240	1 260	1 342
工资及福利费	120	142	148
制造费用	200	180	168
合　　计	1 560	1 582	1 658
主要技术经济指标	用　量	用　量	用　量
原材料消耗量(千克)	620	600	610
原材料单价	2	2.1	2.2

(二) 要求

1. 分析 A 产品单位成本变动情况。
2. 分析影响原材料费用变动的因素和各因素变动的影响程度。
3. 计算工资及费用变动的影响程度。
4. 计算制造费用变动的影响程度。

习 题 68

练习主要产品单位成本计划完成情况分析

姓名	
成绩	

作业日期_____年_____月_____日

（一）资料　某企业生产甲产品，设置直接材料、直接工资、制造费用三个成本项目，有关单位产品成本的材料、工资、费用等有关资料如图表 14-8、图表 14-9、图表 14-10 所示。

图表 14-8

甲产品单位成本表

单位：元

成本项目	计划成本	实际成本	增减额	增减（％）
直接材料	365	395	＋30	＋8.22
直接工资	30	32	＋2	＋6.67
制造费用	25	30	＋5	＋20
合　　计	420	457	＋37	＋8.81

图表 14-9

单位产品耗用材料明细表

产品名称：甲产品　　　　　　　　　　　　　　金额单位：元

材料名称	计量单位	本年计划			本年实际			实际较计划增（＋）减（－）
		单耗	单价	金额	单耗	单价	金额	
铸铁件	千克	2	50	100	2.4	50	120	＋20
中碳钢	千克	125	0.40	50	100	0.55	55	＋5
角钢	千克	43	5	215	55	4	220	＋5
合　计		—		365			395	＋30

图表 14-10

单位产品工资、费用计划与实际比较表

项　　目	单位	计　划　数	实　际　数	实际较计划增(＋)减(－)
单位产品工时消耗数	小时	62.5	65.2	＋2.7
生产工人总工时	小时	500 000	520 000	＋20 000
直接工资	元	240 000	255 320	＋15 320
制造费用总额	元	200 000	239 260	＋39 260

(二) 要求

1. 要求进行直接材料项目的分析。
2. 要求进行直接工资项目的分析。
3. 要求进行制造费用项目的分析。
4. 对以上分析作出简要的文字说明。

习 题 69

练习产品生产成本表(按成本项目反映)的分析

姓名	
成绩	

作业日期_____年_____月_____日

(一) 资料 新乐公司有关成本资料如图表 14-11 所示。

图表 14-11

产品生产成本表

新乐公司　　　　　　　　2008 年 12 月　　　　　　　　　单位:元

项　目	上年实际	本年计划	本月实际	本年累计实际
生产费用				
直接材料费用	847 520	822 620		
直接人工费用	349 100	387 680		
制造费用	646 176	576 140		
生产费用合计	1 842 796	1 786 440		
加:在产品,自制半成品期初余额	98 400	95 840	82 340	76 996
减:在产品,自制半成品期末余额	76 996	79 720		100 460
产品生产成本合计	1 864 200	1 802 560	150 860	

12 月份生产甲、乙、丙三种产品,发生的直接材料费用为 82 880 元,直接人工费用为 32 140 元,制造费用为 53 960 元。

上月末直接材料本年累计实际数为 759 660 元;直接人工本年累计实际数为 332 680 元;制造费用本年累计实际数为 535 254 元。

(二) 要求

1. 计算填列产品生产成本表中各栏数据。

2. 分别计算上年实际、本年计划、本月实际、本年累计实际的各项费用构成比率。

习 题 70

练习分析生产费用

作业日期＿＿＿年＿＿＿月＿＿＿日

姓 名	
成 绩	

（一）资料　A公司生产费用表和产值计划完成百分比等资料编制分析表如图表14-12、图表14-13所示。

图表14-12

生产费用预算完成情况分析表

单位：万元

生产费用要素	本年度计划数	本年度实际数	实际比计划差异	
			金　额	％
外购材料	1 000	1 200		
外购燃料	500	550		
外购动力	520	530		
工资	900	930		
折旧费	580	600		
利息支出	200	210		
其他支出	110	120		
合　　计	3 810	4 140		

图表14-13

生产费用结构分析表

生产费用要素	上年度实际数	本年度计划数	本年度实际数	增减（％）	
				与计划对比	与上年对比
外购材料	27.50				
外购燃料	12.80				
外购动力	13.50				
工资	23.65				
折旧费	15.25				
利息支出	5.20				
其他支出	2.10				
合　　计	100				

(二)要求

1. 填制上述两张表格,对生产费用要素与结构进行分析,并说明增减变动的情况。

2. 填制下列产值费用率表格(见图表 14-14),并对产值费用率的计划完成情况进行因素分析。

图表 14-14

产值费用率分析表

单位:万元

项 目	计 划	实 际	比计划增或减	
			金 额	增减(%)
工业总产值(按不变价格)	5 000	6 000		
生产费用总额	3 810	4 140		
每百元产值的生产费用				

(1) 计划产值费用率=

(2) 实际产值费用率=

3. 求实际产值费用率与计划产值费用率的差异。

其中:

(1) 由于工业总产值变动的影响=

(2) 由于生产费用变动的影响=

4. 分析说明。

习 题 71

练习分析成本费用利润率

姓名	
成绩	

作业日期_____年_____月_____日

(一) 资料 ABC公司2008年与2007年有关成本费用利润率计算分析资料如图表14-15所示。

图表14-15

成本费用利润率计算分析资料

单位：万元

项　　目	2007年	2008年	增减额	增减（%）
利润总额	240	260		
主营业务成本	650	790		
销售费用	50	100		
管理费用	38	80		
财务费用	12	30		
成本费用总额				
成本费用利润率				

(二) 要求

计算分析并填制上表，说明该公司成本费用利润率增减变动的原因。

1. 2007年成本费用利润率＝

2. 2008年成本费用利润率＝

3. 2008年成本费用利润率与2007年成本费用利润率的差异。

其中：

(1) 由于利润总额减少的影响＝

(2) 由于成本费用增加的影响＝

4. 简要分析说明。

习 题 72

期末综合复习题（A）

作业日期_____年_____月_____日

姓名_____ 成绩_____

一、**填空题**（每格0.5分，共10分）

1. 成本会计是以_____为对象,通过_____核算和_____的计算,提供管理上所需_____的一种专业会计。

2. 正确核算成本费用,应划清：① _____的界限；② _____的界限；③ _____的界限；④ _____的界限；⑤ _____的界限。

3. 产品成本计算的基本方法是_____、_____和_____。

4. 在作业成本法下,成本动因可分为_____、_____、_____三种不同形态。

5. 完工产品和在产品之间费用的主要方法是指_____、_____和_____。

6. 通常,成本报表主要有商品产品成本表、_____、_____和期间费用明细表。

二、**是非题**（每题1分,共5分）

1. 工业生产的类型按生产工艺特点可分为单步骤生产和多步骤生产。（　）

2. 质量成本就是为提高质量而支付的费用。（　）

3. 采用后进先出法,在物价持续上涨的情况下,会使当月已销商品的进价成本偏高。（　）

4. 销售费用和管理费用属于商品流通费,而财务费用不属于商品流通费。（　）

5. 作业成本法是一种基于成本动因的成本分配方法。（　）

三、单项选择题（每题1分，共5分）

1. 单步骤大量大批生产企业应采用的成本计算方法是_____。
   A. 品种法　　　　　　　B. 分批法
   C. 分步法　　　　　　　D. 分类法

2. 分步法中成本还原的起点是_____。
   A. 第一生产步骤　　　　B. 中间特定生产步骤
   C. 任何一个生产步骤　　D. 最后一个生产步骤

3. 生产费用按照与产品的关系可以划分为直接费用和_____。
   A. 变动费用　　　　　　B. 制造费用
   C. 间接费用　　　　　　D. 一般费用

4. 副产品的计价可以采用售价法和_____。
   A. 变动成本　　　　　　B. 制造成本
   C. 固定单价　　　　　　D. 只考虑原材料成本

5. 反映各种主要产品单位成本的报表是指_____。
   A. 商品产品成本表　　　B. 主要产品单位成本表
   C. 利润表　　　　　　　D. 资产负债表

四、简答题（3题任选2题做，共10分）

1. 简述变动成本、固定成本与业务量的关系。

2. 简述作业成本法的概念与目的。

3. 简述因素分析法的主要特征。

五、综合练习题（6题，共70分）

（一）产品成本还原的计算（10分）

某公司采用综合结转分步法计算产品成本。

1. 资料

（1）第一步骤生产 A 半成品，本月完工 1 000 件，单位成本是 20

元,其中:直接材料为14元;直接工资为2元;制造费用为4元。

(2) 第二步骤生产B产品200件,总成本为28 000元,其中:A半成品为22 000元;直接工资为1 000元;制造费用为5 000元。

2. **要求** 进行B产品的成本还原(见图表期末复-1)。

图表期末复-1

产品成本还原计算表

单位:元

项　　目	还原分配率	半成品	直接材料	直接工资	制造费用	合计
还原前产品成本						
本月所产的半成品成本						
产成品成本中半成品成本还原						
还原后产成品总成本						
产成品单位成本						

(二) 平行结转分步法的核算(10分)

1. **资料** 某工厂有三个基本生产车间,第一车间制造♯101半成品,第二车间将♯101半成品加工为♯201半成品,第三车间将♯201半成品加工为♯300产成品。

(1) 各车间产量记录如图表期末复-2所示。

图表期末复-2

各车间产量记录

项　　目	计量单位	一车间	二车间	三车间
期初在产品数量	吨	40	60	无
本期投入生产或前车间交来半成品数量		800	780	800
本月完工交出数量		780	800	750
月末在产品数量		60	40	50
各车间月末在产品完工程度(%)		75	50	60
产量和约当量	原材料费用(元)			
	其他费用(元)			

在产品按约当量计算(材料一次投入)。

① 一车间原材料费用=

② 一车间其他费用=

③ 二车间其他费用=

④ 三车间其他费用=

(2) 各车间月初在产品和本月生产费用均已登记入产品成本明细账(见图表期末复-3 至期末复-5)。

图表期末复-3

产品成本明细账

生产部门：第一车间

产品名称：#101 半成品

成本项目	月初在产品成本	本月费用	费用合计	约当量	单位成本	转入产品成本份额	月末在产品成本
直接材料	11 200	87 800					
燃料及动力	336	3 204					
直接工资	1 456	14 474					
制造费用	648	5 989.50					
制造成本合计	13 640	111 467.50					

图表期末复-4

产品成本明细账

生产部门：第二车间

产品名称：#201 半成品

成本项目	月初在产品成本	本月费用	费用合计	约当量	单位成本	转入产品成本份额	月末在产品成本
直接材料							
燃料及动力	397.50	10 426.50					
直接工资	870	23 730					
制造费用	270	6 946					
制造成本合计	1 537.50	41 102.50					

图表期末复-5

产品成本明细账

生产部门：第三车间

产品名称：#300产成品

成本项目	月初在产品成本	本月费用	费用合计	约当量	单位成本	转入产成品成本份额	月末在产品成本
直接材料							
燃料及动力		2 730					
直接工资		16 380					
制造费用		7 176					
制造成本合计		26 286					

2. 要求

(1) 用平行结转分步法结算，各车间应计入产品成本的份额及月末在产品成本。

(2) 编制产品成本汇总计算表（见图表期末复-6），计算完工产品的总成本和单位成本。

图表期末复-6

产品成本汇总计算表

产品名称：#300产成品　　　　　　　　　　产量：

成本项目	一车间	二车间	三车间	总成本	单位成本
直接材料					
燃料及动力					
直接工资					
制造费用					
合计					

(3) 编制完工产品入库的会计分录。

（三）分类法核算（10 分）

1. 资料 光华公司生产 A、B、C 三种类型产品，三种产品的原材料费用按"系数比例"分配，工资和其他费用按"定额工时比例"分配（注：月末在产品按定额成本计算。为了简化，已代为填入成本单中）。

材料消耗系数和工时定额资料如图表期末复-7 所示：

图表期末复-7

材料消耗系数和工时定额表

产品名称	材料消耗系数	工时定额（小时）
A 型	1	10
B 型	0.8	16
C 型	1.2	24

2. 要求

（1）填制下表（见图表期末复-8）中材料消耗系数和定额工时等有关空格：

图表期末复-8

材料消耗系数和定额工时表

产品名称	完工产量	材料消耗系数	材料消耗总系数	工时消耗定额（小时）	定额工时（小时）
A 型	4 000				
B 型	6 000				
C 型	2 000				
合　计		—		—	

（2）列式计算完工产品各项费用分配率：

原材料费用分配率＝

工资费用分配率＝

制造费用分配率＝

(3) 填制下列产品成本计算单(见图表期末复-9)：

图表期末复-9
产品成本计算单

金额单位：元

项目	原材料	工资	制造费用	合计
月初在产品成本	42 000	32 000	28 000	102 000
本月生产费用	228 000	106 400	106 400	440 800
合计				
月末在产品定额成本	46 000	28 000	24 000	98 000
类内完工产品总成本				
分配率				
A型 总系数或定额工时				
A型 实际成本				
B型 总系数或定额工时				
B型 实际成本				
C型 总系数或定额工时				
C型 实际成本				

(四) 标准成本的计算与分析(15 分)

1. **资料** 某企业大量生产 A 产品,采用标准成本法计算产品成本。

(1) A 产品单位产品标准成本如图表期末复-10 所示。

图表期末复-10
单位成本标准成本

成本项目	标准用量		标准价格 (元)	产品标准成本 (元)
	单位	数量		
直接材料——甲原料	千克	5	5	25
——乙原料	件	2	10	20
直接人工	工时	20	1.50	30
制造费用——变动费用	工时	20	0.80	16
——固定费用	工时	20	1.20	24
合计	—	—	—	115

(2) 全月标准工时为 80 000 小时,正常生产 A 产品的能力为每月 4 000 台;变动制造费用预算为 64 000 元;固定制造费用预算为 96 000 元。

(3) 本月实际完工产量 3 500 台(月初无在产品,本月投产 3 500 台)。

(4) 本月实际发生的费用。

甲原料实际耗用 17 400 千克,其单价为 5.10 元。

乙原料实际耗用 7 000 件,单价为 9.80 元。

实际工时为 72 000 小时;直接工资为 104 400 元,其中:基本工资为 91 578.95 元;工资性支出为 12 821.05 元。

变动制造费用实际发生 56 880 元;固定制造费用实际发生 96 480 元。

2. 要求

(1) 根据上述资料编制实际成本与标准成本对照表(见图表期末复-11)。

(2) 列式计算各项成本差异。

图表期末复-11

实际成本与标准成本对照表

产品名称:A 产品　　　　　　　　　　　　　　　　　单位:元

成 本 项 目	标准成本	实际成本	差　异
直接材料			
直接人工			
制造费用——变动费用			
——固定费用			
合　　计			

计算各项成本差异:

(五) 按加权平均顺算法的计价核算(10分)

1. **资料** 某公司2008年4月份甲商品收发明细记录如图表期末复-12所示。

图表期末复-12

库存商品明细账

材料名称：甲商品

2008年		凭证号码	摘要	收入			发出			结存		
月	日			数量	单价	金额	数量	单价	金额	数量	单价	金额
4	1		期初余额							400	30	12 000
	4		收入	2 800	30.00	84 000						
	8	(略)	发出				2 000					
	16		收入	600	30.50	18 300						
	20		发出				1 400					
	24		收入	600	31.30	18 780						
	28		发出				800					
本期发生额及期末余额				4 000		121 080	4 200					

全月一次加权平均单价＝

2. **要求** 根据以上资料，按顺算法列式计算全月一次加权平均单价，计算甲商品发出成本，登记下列甲商品明细账，并结出本期发生额和期末结存余额。

(六) 成本分析(15分)

1. **资料** 兴隆公司生产A、B、C三种产品，其中A、B两种产品为可比产品，C产品为不可比产品。该公司2008年生产成本有关资料如图表期末复-13所示。

图表期末复-13

商品产品成本表

单位：万元

产品名称	计量单位	单位成本					本月总成本			本年累计总成本		
		本月	本年累计	上年实际平均	本年计划	本月实际	本年累计实际平均	按上年实际平均单位成本计算	按本年计划单位成本计算	本月实际	按上年实际平均单位成本计算	按本年计划单位成本计算	本月实际
栏次		1	2	3	4	5	6	7	8	9	10	11	12
A	只	100	1 300	90	95	105	94						
B	件	200	2 500	180	190	210	195						
可比产品合计													
C	个	300	900	×	280	290	295						
不可比产品合计													
全部产品合计		—	—										

2. 要求

(1) 计算并填列上述商品产品成本表中有关各栏的数字。

(2) 计算可比产品成本降低额和可比产品成本降低率（百分比后保留两位小数）。

习 题 73

期末综合复习题(B)

姓 名	
成 绩	

作业日期＿＿＿＿年＿＿＿＿月＿＿＿＿日

一、填空题(每格 0.5 分，共 10 分)

1. 标准成本是指＿＿＿＿＿＿＿，又是指＿＿＿＿＿＿＿。
2. 目标成本具有：①＿＿＿＿＿＿＿；②＿＿＿＿＿＿＿；③＿＿＿＿＿＿＿；④＿＿＿＿＿＿＿四个特点。
3. 按照工艺过程特点，工业企业的生产类型可分为＿＿＿＿＿＿＿、＿＿＿＿＿＿＿。
4. 生产费用按工艺过程特点可分为＿＿＿＿＿＿＿和＿＿＿＿＿＿＿。
5. 月初生产费用＋＿＿＿＿＿＿＿＝本月完工产品费用＋＿＿＿＿＿＿＿。
6. 广义在产品既包括＿＿＿＿＿＿＿在产品，还包括＿＿＿＿＿＿＿。
7. 划分类内产品常用的分配方法有＿＿＿＿＿＿＿和＿＿＿＿＿＿＿。
8. 存货的计价方法主要有先进先出法、后进先出法、＿＿＿＿＿＿＿、＿＿＿＿＿＿＿、＿＿＿＿＿＿＿、＿＿＿＿＿＿＿。

二、是非题(每题 1 分，共 5 分)

1. 产品成本计算最基本的方法是分类法和标准成本法。（　）
2. 产品消耗作业，作业消耗资源。（　）
3. 作业成本法下，作业量的增减对作业成本是至关重要的。（　）
4. 制造费用、管理费用、财务费用均属于期间费用，都应计入当期损益。（　）
5. 在一定业务量的范围内，固定制造费用是不变的。（　）

三、单项选择题(每题 1 分，共 5 分)

1. 按照客户定单设置生产成本明细账的成本计算方法是＿＿＿＿＿＿＿。
   - A. 品种法
   - B. 分批法
   - C. 分类法
   - D. 分步法

2. 标准成本是指_____产量乘以单位产品标准成本。

　　A. 实际　　　　　　　　　B. 计划

　　C. 预算　　　　　　　　　D. 目标

3. 变动制造费用实际分配率＝实际变动制造费用÷_____。

　　A. 实际工时　　　　　　　B. 计划工时

　　C. 标准工时　　　　　　　D. 预算工时

4. 不应冲减商品进价的是指_____。

　　A. 商品的购货折扣　　　　B. 购货退回

　　C. 购进商品经确认的索赔收入　D. 购进商品的短缺数量

5. 直接材料的用量变动差异＝∑（实际用量－计划用量）×_____。

　　A. 实际单价　　　　　　　B. 计划单价

　　C. 实际用量　　　　　　　D. 计划用量

四、简答题（3题任选2题做，共10分）

1. 简述成本分析中应当注意的问题。
2. 举例说明可控成本与不可控成本的区别。
3. 试比较说明作业成本法和传统成本法的区别。

五、练习题（6题，共70分）

（一）练习分批法的计算（15分）

1. **资料**　某企业是小批生产的小型机械制造厂，成本计算采用分批法，2008年7月份生产的各批产品资料如下：

（1）生产情况如图表期末复-14所示。

图表期末复-14

生 产 情 况 表

批号	产品名称	投产日期	批量	完工日期及数量	备　注
#6002	A产品	6月份	20台	7月份完工20台	
#7001	B产品	7月份	15台	7月份完工5台	完工5台已交客户
#7002	C产品	7月份	30台	7月份尚未完工	

(2) 按各批产品分配和归集的费用如图表期末复-15 所示。

图表期末复-15

产品费用的分配和归集

单位：元

批 号	月 份	直接材料	直接人工	制造费用	合 计
♯6002	6 月份	20 800	6 700	4 900	32 400
	7 月份	40 600	12 100	9 400	62 100
♯7001	7 月份	60 300	8 320	7 580	76 200
♯7002	7 月份	81 400	24 300	18 700	124 400

2. 要求

(1) 根据上述资料开设各批产品成本计算单(见图表期末复-16 至期末复-18)，计算各批产品的完工产品成本(♯7001 批号 B 产品按每台计划成本 5 560 元从成本计算单中转出，其中：直接材料为 4 000 元、直接工资为 800 元、制造费用为 760 元)。

(2) 作产成品入库会计分录。

图表期末复-16

产品成本计算单

批号：♯6002

产品名称：A 产品　　　　2008 年 7 月　　　　完工产量：20 台

2003 年		摘　　要	直接材料	直接工资	制造费用	合　计
月	日					
6	30	本月生产费用				
7	31	本月生产费用				
	31	本月止生产费用累计				
	31	本批完工产品总成本				
	31	完工产品单位成本				

图表期末复-17

产品成本计算单

批号：#7001

产品名称：B产品　　　　2008年7月　　　　　　完工产量：5台

2008年		摘　　要	直接材料	直接工资	制造费用	合　计
月	日					
7	31	本月生产费用				
		计划单位成本				
	31	按计划单位成本转出5台				
	31	月末在产品成本				

图表期末复-18

产品成本计算单

批号：#7002

产品名称：C产品　　　　2008年7月　　　　　　完工产量：尚未完工

2008年		摘　　要	直接材料	直接工资	制造费用	合　计
月	日					
7	31	本月生产费用				

会计分录：

(二)产品成本计算(10分)

1. **资料**　某企业生产A产品，分三个步骤连续加工制成，原材料在生产开始时一次投入，逐步加工。8月份完工产品入库共计1 630件，期末在产品盘存数量及各步骤工时定额见图表期末复-19(在产品完工率采用累计工时定额比例计算，本步骤在产品施工程度均按50%计算)。

该企业费用分配采用"约当产量比例法"，期初在产品成本及本月生产费用已登入"产品成本计算单"(见图表期末复-20)中。

图表期末复-19

完工率及约当产量计算表

步骤	工时定额（小时）	完工率的计算（列出算式）	盘存数量（件）	约当产量（件）
1	6		400	
2	4		400	
3	10		200	
合计	20		1 000	

图表期末复-20

产品成本计算单

产品名称：　　　　　2008年8月

在产品：
完工产量：
单位：元

摘要	直接材料	直接人工	制造费用	合计
期初在产品成本	14 500	2 250	6 375	23 125
本月发生生产费用	38 100	17 750	21 625	77 475
合计				
单位成本（分配率）				
完工产品总成本				
期末在产品成本				

2. 要求

（1）计算上表A产品期末在产品完工率及约当产量。

（2）填制A产品成本计算单，计算A产品完工产品成本及期末在产品成本。

（3）编制A产品入库的会计分录。

会计分录：

(三) 练习综合连续结转分步法计算产品成本(10分)

1. 资料

(1) 第一步骤生产 B 半成品,本月完工 120 台,本月完工半成品成本为直接材料 98 400 元、直接人工 8 640 元、制造费用 12 960 元,共计 120 000 元。

(2) 第二步骤生产 A 产品,本月完工 100 台。本月完工产成品成本为:半成品 113 520 元、直接人工 21 000 元、制造费用 32 480 元,共计 167 000 元。

2. 要求 编制"产品成本还原计算表"(见图表期末复-21)进行 A 产品成本还原,并列式计算还原分配率。

图表期末复-21

产品成本还原计算表

完工产量:

2008 年 8 月

单位:元

项 目	半成品	直接材料	直接人工	制造费用	合 计
还原前产品成本					
本月所产半成品成本					
半成品成本还原					
还原后产成品总成本					
还原后产成品单位成本					

还原分配率=

(四) 平行结转分步法的核算(10分)

1. 资料 某企业成本计算采用平行结转分步法,分三个步骤连续加工各步骤归集的费用已列示在成本计算单中,各步骤的产量记录如图表期末复-22 所示。各步骤月末在产品完工程度均为 50%,第二、第三步骤不投料。

图表期末复-22

各步骤产量记录

项 目	第一步骤	第二步骤	第三步骤
期初在产品数量(件)	10	30	70
本月投入或上步骤转入数量(件)	510	480	490
本月完工转出数量(件)	480	490	500
期末在产品数量(件)	40	20	60

2. 要求

(1) 计算各步骤约当总产量如图表期末复-23 所示,材料系第一步骤开工时一次投料(需列出算式)。

图表期末复-23

各步骤约当总产量计算

第一步骤	直接材料	
第一步骤	工资、制造费用	
第二步骤	工资、制造费用	
第三步骤	工资、制造费用	

(2) 编制第一步骤成本计算单(见图表期末复-24)如下。

图表期末复-24

基本生产成本明细账

第一步骤　　　　　　2008 年 8 月　　　　　　产量:500 件

摘　要	直接材料	直接工资	制造费用	合　计
月初在产品成本	4 000	100	260	4 360
本月成本费用	20 800	3 500	9 340	33 640
成本费用合计				
单位成本(分配率)				
应计入产成品成本份额				
广义在产品成本				

(五) 按先进先出顺算法的计价核算(10分)

1. **资料**　某公司2008年4月份A商品收发明细记录如下。

2. **要求**　根据以下资料,按先进先出顺算法列式计算各次发出商品成本,登记上列A库存商品明细账(见图表期末复-25),并结出每次收、发后结存数额以及本期发生额和期末结存余额。

图表期末复-25

库存商品明细账

材料名称:A商品

2008年		凭证号码	摘要	收入			发出			结存		
月	日			数量	单价	金额	数量	单价	金额	数量	单价	金额
4	1		期初余额							400	35	14 000
	4		收入	800	30.60	24 480						
	8	(略)	发出				1 000					
	16		收入	600	36.50	21 900						
	20		发出				600					
	24		收入	1 000	32.30	32 300						
	28		发出				1 200					
本期发生额及期末余额				2 400		78 680	2 800					

4月8日发出商品成本=

4月20日发出商品成本=

4月28日发出商品成本=

(六) 计算产品成本降低额和降低率(15分)

1. **资料**　某企业生产A、B两种产品,均为可比产品。2008年11月末累计产量分别为:A产品182件,B产品455件;累计实际成本分别为:A产品22 804元,B产品13 640元。12月份产品产量及单位成本资料见下列产品生产成本(按产品种类反映)表(见图表期末复-26)。

图表期末复-26

产品生产成本表（按产品种类反映）

××企业　　　　　　　　　　2008年12月

产品名称	计量单位	实际产量		单位成本（元）				本月总成本（元）			本年累计总成本（元）		
		本月	本年累计	上年实际平均	本年计划	本月实际	本年累计实际平均	按上年实际平均单位成本计算	按本年计划单位成本计算	本月实际	按上年实际平均单位成本计算	按本年计划单位成本计算	本年实际
A	件	18		120	115	122							
B	件	45		36	32	28							
合计	×	×	×	×	×	×	×						

2. 要求

（1）计算填列上列产品生产成本表（按产品种类反映）。

（2）根据所填列的产品生产成本表（按产品种类反映），计算全部可比产品的成本降低额和降低率（列出计算过程）。

三、《成本会计》总复习题与模拟试题

《成本会计》总复习题(A)

姓 名	
成 绩	

作业日期＿＿＿＿年＿＿＿＿月＿＿＿＿日

一、单项选择题(每题1分,共20分)

1. 下列各项中,属于工业企业费用要素的是(　　)。
   A. 直接材料　　　　　　B. 制造费用
   C. 废品损失　　　　　　D. 外购燃料

2. 下列各项中,属于产品生产成本项目的是(　　)。
   A. 外购材料　　　　　　B. 直接人工
   C. 折旧费　　　　　　　D. 利息费用

3. 企业为生产产品而耗用的原料费用是(　　)。
   A. 直接生产费用　　　　B. 间接生产费用
   C. 直接计入费用　　　　D. 间接计入费用

4. 下列各项中,属于间接生产费用的是(　　)。
   A. 生产工人工资　　　　B. 机器设备耗用电费
   C. 机器设备折旧费用　　D. 车间厂房折旧费用

5. 在实际工作中,支付给企业管理人员的奖金应借记的账户是(　　)。
   A. "应付职工薪酬"　　　B. "职工福利基金"

C. "管理费用" D. "生产成本"

6. 利息费用应计入（　　）。

  A. 生产费用   B. 销售费用

  C. 财务费用   D. 管理费用

7. 进行预提费用的核算，是为了正确划分（　　）。

  A. 生产经营管理费用与非生产经营管理费用的界限

  B. 生产费用与经营管理费用的界限

  C. 各个月份费用的界限

D. 各种产品费用的界限

8. 企业"材料采购"科目的期末余额（　　）。

  A. 可能在借方   B. 可能在贷方

  C. 可能在借方或贷方   D. 一定没有

9. 辅助生产费用交互分配法的交互分配是在下列各单位之间的分配：（　　）。

  A. 辅助生产车间与基本生产车间

  B. 企业内部各生产车间

  C. 企业各生产车间、部门

  D. 各辅助生产车间、部门

10. 生产车间厂房扩建工程领用的材料费用，应借记的账户是（　　）。

  A. "生产成本"   B. "制造费用"

  C. "在建工程"   D. "营业外支出"

11. 某种产品发生不可修复废品后，如果有回收的废料，将会使该种产品的（　　）。

  A. 总成本降低，单位成本增加

  B. 总成本增加，单位成本降低

  C. 总成本与单位成本同时增加

  D. 总成本与单位成本同时降低

12. 如果产品成本中的原料费用所占比重很大,原料随着生产进度逐渐投入生产,为了简化成本计算工作,在分配完工产品与月末在产品费用时,应该采用的方法是:(　　)。

　　A. 在产品按所耗原料费用计价

　　B. 约当产量比例法

　　C. 原料费用按约当产量比例分配

　　D. 在产品按所耗原料费用计价,原料费用按约当产量比例分配

13. 采用简化的分批法时,产品完工以前产品成本明细账(　　)。

　　A. 只登记各种材料费用

　　B. 登记间接计入费用,不登记直接计入费用

　　C. 登记直接计入费用,不登记间接计入费用

　　D. 不登记任何费用

14. 采用逐步结转分步法时,自制半成品入库应借记的账户是(　　)。

　　A. "生产成本"　　　　　B. "基本生产成本"

　　C. "自制半成品"　　　　D. "制造费用"

15. 采用平行结转分步法时,完工产品与在产品之间的费用分配是指(　　)。

　　A. 各生产步骤完工半成品与月末加工中在产品之间的费用分配

　　B. 产成品与月末狭义在产品之间的费用分配

　　C. 产成品与月末广义在产品之间的费用分配

　　D. 产成品与月末加工中在产品之间的费用分配

16. 采用分类法的目的是(　　)。

　　A. 分类计算产品成本

　　B. 分品种计算产品成本

　　C. 简化各类产品成本的计算工作

D. 简化各种产品成本的计算工作

17. 某工业企业采用盘存法计算定额原材料费用。甲产品期初在产品30件,本期完工160件,期末在产品15件;甲产品原材料计划单位成本10元;定额原材料费用为( )元。

  A. 1 450   B. 1 600

  C. 1 750   D. 1 900

18. 商业企业商品流通费用的三个组成部分是( )。

  A. 采购费用、储存费用和管理费用

  B. 采购费用、管理费用和销售费用

  C. 销售费用、管理费用和财务费用

  D. 销售费用、管理费用和产品销售进价

19. 零售企业商品进销差价率的计算公式是:( )。

  A. 进销差价率 $= \dfrac{\text{月末商品进销差价余额}}{\text{月末结存商品金额} + \text{本月商品销售收入}} \times 100\%$

  B. 进销差价率 $= \dfrac{\text{月末分配前的商品进销差价}}{\text{月末结存商品金额} + \text{本月商品销售收入}} \times 100\%$

  C. 进销差价率 $= \dfrac{\text{本月商品进销差价合计}}{\text{本月购进商品金额} + \text{本月商品销售收入}} \times 100\%$

  D. 进销差价率 $= \dfrac{\text{月末分配前的商品进销差价}}{\text{本月购进商品金额} + \text{本月商品销售收入}} \times 100\%$

20. 企业的成本会计报表应( )。

  A. 对外公布

  B. 不对外公布

  C. 根据债权人和潜在投资人的要求,确定是否公布

  D. 根据企业经营管理的要求,确定是否公布

二、多项选择题(每题2分,共20分)

1. 下列各项中,属于当月应计提折旧的固定资产有( )。

  A. 经营租赁方式租入的设备

  B. 闲置的厂房

C. 月份内报废的设备   D. 超龄使用的设备
2. 直接用于产品生产、专设成本项目的费用(   )。
    A. 属于直接生产费用
    B. 单独借记"基本生产成本"账户
    C. 直接计入或分配计入产品成本
    D. 记入成本明细账"制造费用"项目
3. 各生产车间分配制造费用时,下列账户可能借记的有(   )。
    A."辅助生产成本"   B."累计折旧"
    C."基本生产成本"   D."废品损失"
4. 下列费用中,属于制造费用内容的有(   )。
    A. 分厂用于组织和管理生产的费用
    B. 车间用于组织和管理生产的费用
    C. 直接生产费用的某些项目
    D. 间接生产费用的全部项目
5. 属于应付职工薪酬组成内容的有(   )。
    A. 产假工资   B. 奖金
    C. 市内交通补助   D. 保健性津贴
6. 在辅助生产车间完工产品入库或劳务分配时,下列账户可能借记的有(   )。
    A."辅助生产成本"   B."原材料"
    C."低值易耗品"   D."在建工程"
7. 下列各项中,可以用于计算不可修复废品的生产成本的有(   )。
    A. 按所耗实际费用计算
    B. 按所耗定额费用计算
    C. 按所耗实际费用扣除残值计算
    D. 按所耗定额费用扣除残值计算
8. 下列各项中,属于采用在产品成本计算的定额成本法必须具备的条件有（　　）。

　　A. 月末在产品数量较少　　B. 各月在产品数量变化较小

　　C. 定额管理的基础较好

　　D. 各项消耗定额比较准确、稳定

9. 下列各项中，属于企业期间费用的有（　　）。

　　A. 生产费用　　　　　　　B. 销售费用

　　C. 管理费用　　　　　　　D. 财务费用

10. 下列各项中，属于成本报表的有（　　）。

　　A. 产品生产成本表　　　　B. 主要产品单位成本表

　　C. 销售费用明细表　　　　D. 财务费用明细表

三、判断题（每题1分，共10分）

1. 质量成本也就是产品制造成本的质量保证支出。　　（　　）

2. 正确进行产品成本核算，都必须划分完工产品与月末在产品的费用界限。　　（　　）

3. 产品成本计算的品种法是只分产品品种、不分产品批别和生产步骤计算成本的方法。　　（　　）

4. 采用约当产量比例法时，分配原材料费用与分配加工费用所用的完工率都是一致的。　　（　　）

5. 采用分批法时，完工产品成本可能按计划单位成本或定额单位成本计算。　　（　　）

6. 产成品成本需要进行成本还原的次数与其计算成本的生产步骤数相等。　　（　　）

7. 产品成本计算的分类法与产品的生产类型没有直接联系，因而可以在各种类型的生产中应用。　　（　　）

8. 商品批发企业已销商品的进价成本可以分散结转，也可以综合结转。　　（　　）

9. 成本核算不仅应该进行成本、费用的事后核算；有条件的企业还应进行成本、费用差异的事中核算。　　（　　）

10. 几种成本计算方法的同时应用,是指在计算一种产品的成本时,同时采用几种成本计算方法。　　　　　　　　　　　(　)

四、简答题(2题任选1题做,共5分)

1. 简述完全成本、变动成本、制造成本三者之间包含内容的区别。
2. 简述成本费用控制的目标及其控制的要点。

五、计算分析题(45分)

1. 辅助生产费用的核算。

资料　某公司设有动力、机修两个辅助生产车间,本月归集的费用为:动力车间10 500元、机修车间8 760元。

提供的劳务数量如图表总复-1所示。

图表总复-1

辅助生产车间提供的劳务数量

车　　　间	动力车间 (度)	机修车间 (工时)
动力车间		400
机修车间	10 000	
甲产品	26 000	
车间管理部门	10 000	1 600
厂部管理部门	4 000	400
合　　　计	50 000	2 400

要求　计算交互分配率和对外分配率(见图表总复-2)。

图表总复-2

交互分配率和对外分配率

车　　　间	交互分配率	对外分配率
动力车间		
机修车间		

2. 在产品约当产量的计算。

资料 某公司生产 A 产品,分三个工序加工,期末在产品存量如下表,在产品在各工序施工程度均为 50%。

要求 按"累计工时定额比例"计算各工序的完工率和在产品约当产量(见图表总复-3)。

图表总复-3

各工序完工率和在产品约当产量

工序	单件工时定额(小时)	盘存数量(件)	完工率计算算式	约当产量(件)
1	4	100		
2	10	200		
3	6	600		
合 计	20	900	—	

3. **资料** 某企业规定不可修复废品成本按定额成本计价。某月某产品的不可修复废品 20 件,每件直接材料定额为 15 元;20 件废品的定额工时共为 130 小时。每小时的费用定额为:直接人工 5 元,制造费用 7 元。该月该产品的可修复废品的修复费用为:直接材料 500 元,直接人工 360 元,制造费用 800 元。废品的残料作为辅助材料入库,计价 100 元,应由责任人员赔偿的废品损失 200 元。废品净损失由当月同种产品成本负担。

要求

(1) 计算不可修复废品的生产成本。

(2) 计算全部废品的净损失。

(3) 编制归集废品修复费用,以及结转不可修复废品生产成本、废品残值、应收赔款和废品净损失的会计分录(只列总账科目)。

4. **资料** 某产品经过两道工序完工,其工时定额为:第一工序 20 小时,第二工序 30 小时,各工序在产品的工时定额按本工序工时定额之半计算。该种产品某月月末在产品数量为:第一工序100件,第二工序200件,月末完工产品300件,月初在产品和本月发生的直接人工费共计2 300元。

要求

(1) 计算两道工序在产品的完工率。

(2) 计算月末在产品的约当产量。

(3) 按约当产量比例分配计算完工产品和月末在产品的直接人工费。

5. **资料** 某工业企业2007年12月份产品生产成本表(按产品种类反映)所列全部可比产品的本年累计实际总成本为455 000元,按上年实际平均单位成本计算的本年累计总成本为500 000元,按本年计划单位成本计算的本年累计总成本为458 000元。该企业2007年可比产品成本的计划降低额为34 000元,计划降低率为8.5%。

要求

(1) 计算该企业2007年可比产品成本的实际降低额和实际降低率。

(2) 确定可比产品成本降低计划的执行结果。

(3) 采用连环替换分析法,计算产品产量、产品品种比重和产品单位成本变动对可比产品成本降低计划执行结果的影响程度(以上计算均应列出计算过程。其中货币以"元"为单位)。

《成本会计》总复习题(B)

作业日期_____年_____月_____日

姓名_____
成绩_____

一、单项选择题(每题1分,共20分)

1. 成本会计的基础是( )。
   A. 成本计划　　　　　　B. 成本核算
   C. 成本控制　　　　　　D. 成本分析

2. 计入产品成本的费用是( )。
   A. 生产费用　　　　　　B. 销售费用
   C. 财务费用　　　　　　D. 管理费用

3. 属于产品成本项目的是( )。
   A. 外购材料费用　　　　B. 职工工资
   C. 折旧费用　　　　　　D. 制造费用

4. "材料采购"账户期末借方余额表示( )。
   A. 未入库材料的计划成本　　B. 在途材料的实际成本
   C. 采购材料的超支差异　　　D. 采购材料的节约差异

5. 结转辅助生产车间完工交库的生产工具成本时,应借记的账户是( )。
   A. "自制半成品"　　　　B. "生产工具"
   C. "低值易耗品"　　　　D. "原材料"

6. 不可修复废品应负担的原材料费用600元,加工费用400元;残料价值150元,应收赔款300元,其报废损失应为( )元。
   A. 550　　　　　　　　　B. 700
   C. 850　　　　　　　　　D. 1 000

7. 某车间按年度计划分配率分配制造费用,其分配率为5元/小时。5月份实际发生制造费用40 000元,定额工时9 000小时。5月初"制造费用"账户借方余额3 000元,则5月份分配转入"生产成本"账户的金额是( )元。

  A. 37 000   B. 40 000

  C. 43 000   D. 45 000

8. 某种产品经两道工序加工而成。其原材料分两道工序在每道工序开始时一次投入：第一工序原材料消耗定额30千克，第二工序原材料消耗定额20千克。据此算出的第二工序在产品完工率为( )。

  A. 20%   B. 40%

  C. 80%   D. 100%

9. 月末进行工资费用分配时，生活福利部门人员的工资应借记的账户是( )。

  A."应付职工薪酬"   B."其他业务成本"

  C."管理费用"   D."营业外支出"

10. 企业"应付职工薪酬"账户月末( )。

  A. 一定没有余额   B. 一定有余额

  C. 可能有余额，余额一定在贷方

  D. 可能有借方或贷方余额

11. 为基本生产车间租用设备预付的大额租金在按月摊销时，按权责发生制要求应借记的账户是( )。

  A."待摊费用"   B."预提费用"

  C."基本生产成本"   D."制造费用"

12. 结转辅助生产车间完工入库的修理用备件成本时，应借记的账户是( )。

  A."原材料"   B."低值易耗品"

  C."辅助生产成本"   D."自制半成品"

13. 下列方法中，属于辅助生产费用分配方法的是( )。

  A. 按生产工人工资比例分配法

  B. 按机器工时比例分配法   C. 按计划成本分配法

  D. 按约当产量比例分配法

14. 辅助生产费用直接分配法的适用条件是（　　）。
    A. 企业未实行电算化
    B. 辅助生产车间相互受益程度有明显顺序
    C. 辅助生产车间相互提供劳务不多
    D. 企业的计划成本不够准确

15. 按年度计划分配率分配制造费用的方法适用于（　　）。
    A. 制造费用数额较大的企业
    B. 制造费用数额较小的企业
    C. 季节性生产企业
    D. 基本生产车间规模较小的企业

16. 某工业企业采用使用年限法计提折旧。某类固定资产的月折旧率为1%，该类固定资产的月初原值为3 000万元，当月增加固定资产的原值为300万元，当月减少固定资产的原值为100万元，则当月该类固定资产应计提的折旧费为（　　）万元。
    A. 29   B. 30
    C. 32   D. 33

17. 需要进行成本还原的分步法是（　　）。
    A. 平行结转法   B. 分项结转法
    C. 综合结转法   D. 逐步结转法

18. 下列方法中，属于产品成本计算辅助方法的是（　　）。
    A. 品种法   B. 分类法
    C. 分步法   D. 分批法

19. 在各种产品成本计算方法中，必须设置基本生产成本二级账的方法是（　　）。
    A. 简化的分批法   B. 分类法
    C. 定额法   D. 平行结转分步法

20. 零售企业对鲜活商品一般采用的核算方法是（　　）。
    A. 进价金额核算法   B. 售价金额核算法

C. 数量进价金额核算法　　D. 数量售价金额核算法

二、多项选择题(每题2分,共20分)

1. 为正确计算产品成本,企业应做好的基础工作包括(　　)。
   A. 定额的制定和修订
   B. 材料物资的计量、收发、领退和盘点
   C. 原始记录的登记、传递、审核和保管
   D. 计划价格的制定和修订

2. 下列提法中,正确的有(　　)。
   A. "待摊费用"账户月末一定有余额
   B. "预提费用"账户月末可能有借方余额
   C. 在日常核算时先付后用的租入固定资产租赁费用通过"待摊费用"账户核算
   D. 在日常核算时先用后付的租入固定资产租赁费用通过"预提费用"账户核算

3. 下列各项中,不可以由企业承担的费用有(　　)。
   A. 为个人购买的商业保险　　B. 个人健身娱乐费
   C. 职工个人奖金　　　　　　D. 职工出差住宿费

4. 下列各项中,采用变动成本法时不应计入产品成本的有(　　)。
   A. 变动制造费用　　　　　　B. 固定制造费用
   C. 变动管理费用　　　　　　D. 固定管理费用

5. 下列方法中,属于制造费用分配方法的有(　　)。
   A. 生产工人工时比例分配法　B. 生产工人工资比例分配法
   C. 机器工时比例分配法　　　D. 按年度计划分配率分配法

6. 下列各项中,属于广义在产品的有(　　)。
   A. 正在车间返修的废品　　　B. 已完工尚未入库的产品
   C. 已入库尚待加工的自制半成品
   D. 已入库用于直接外销的自制半成品

7. 下列各项中,不作为废品损失核算的有( )。
   A. 可降价出售的不合格产品的降价损失
   B. 产品入库后因保管不善造成的变质损失
   C. 不可修复废品的生产成本
   D. 产品出售后发生的三包费用
8. 下列各项中,采用分批法时,可以作为一个成本计算对象的有( )。
   A. 不同定单中的同种产品   B. 同一定单中的不同种产品
   C. 同一定单中的同种产品
   D. 一件大型复杂产品的某个组成部分
9. 下列各种分步法中,不必进行成本还原的有( )。
   A. 按实际成本综合结转法   B. 按计划成本综合结转法
   C. 平行结转分步法   D. 分项结转法
10. 下列产品中,可以采用分类法计算成本的有( )。
    A. 联产品   B. 等级产品
    C. 主、副产品   D. 零星产品

三、判断题(每题1分,共10分)

1. 产品成本是生产产品时发生的各种制造费用之和。   ( )
2. 材料发出的日常核算可以按计划成本进行。   ( )
3. 为了均衡各月份产品成本水平,企业发生的金额较大的支出,均应作为待摊费用处理。   ( )
4. 经过修理虽可使用,但所花费的修复费用在经济上不合算的废品,属于不可修复废品。   ( )
5. 凡是直接用于产品生产而且专设成本项目的费用,都应单独地记入"生产成本"账户。   ( )
6. "辅助生产成本"账户月末可能没有余额。   ( )
7. 执行性成本动因一般应以执行次数来体现。   ( )
8. 企业交纳车船税时,应借记"管理费用"账户,贷记"银行存款"

账户。   (   )

9. 采用定额法时,分配完工产品和月末在产品应负担的成本差异的方法为定额比例法或在产品按定额成本计价法。   (   )

10. 可比产品成本降低额是指可比产品本年实际总成本比上年实际总成本降低的数额。   (   )

四、简答题(2题任选1题做,不要多做,共5分)

1. 简述作业成本法的主要特点。
2. 简述变动成本法与完全成本法的优缺点。

五、计算分析题(共45分)

1. **资料** 某产品经两道工序完工,其月初在产品与本月发生的工资及福利费之和为255 000元,该月完工产品600件。该产品的工时定额为:第一工序30小时,第二工序20小时。月末在产品数量为:第一工序300件,第二工序200件。各工序在产品在本工序的完工程度均按50%计算。

要求

(1) 分别计算该产品各工序在产品的累计工时定额和定额工时。
(2) 计算完工产品定额工时。
(3) 按定额工时比例分配计算完工产品和在产品的工资及福利费。

2. **资料** 某产品单位成本表中所列原料费用为:计划5 000元,实际4 950元。单位产品原料消耗为:计划50千克,实际55千克。原料单价为:计划100元,实际90元。

要求

(1) 计算单位产品原料费用脱离计划的差异。
(2) 采用差额计算分析法,计算原料消耗量和原料单价变动对原料费用的影响。

3. **资料** 某工业企业下设供水和供电两个辅助生产车间。辅助生产车间的制造费用不通过"制造费用"账户核算。基本生产成本明细账设有"直接材料"、"燃料及动力"、"直接人工"和"制造费用"4个成本项目。2008年4月份各辅助生产车间发生的费用及提供的产品和劳务数量如图表总复-4所示。

图表总复-4

费用、产品和劳务数量表

<table>
<tr><td colspan="2">辅 助 车 间 名 称</td><td>供水车间</td><td>供电车间</td></tr>
<tr><td colspan="2">待分配费用(元)</td><td>13 600</td><td>7 500</td></tr>
<tr><td colspan="2">提供产品和劳务数量(度)</td><td>20 000</td><td>30 000</td></tr>
<tr><td rowspan="6">耗用产品及劳务数量</td><td>供水车间耗用动力电(度)</td><td>×</td><td>4 000</td></tr>
<tr><td>供水车间耗用照明电(度)</td><td>×</td><td>1 000</td></tr>
<tr><td>供电车间耗用水(吨)</td><td>3 000</td><td>×</td></tr>
<tr><td>基本车间耗用动力电(度)</td><td>×</td><td>17 000</td></tr>
<tr><td>基本车间耗用水(吨)及照明电(度)</td><td>15 000</td><td>3 000</td></tr>
<tr><td>行政部门耗用水(吨)及照明电(度)</td><td>2 000</td><td>5 000</td></tr>
</table>

要求

(1) 采用直接分配法,分别计算水费分配率和电费分配率。

(2) 根据水费分配率,计算分配水费。

(3) 根据电费分配率,计算分配电费。

(4) 编制辅助生产费用分配的会计分录。

4. **资料** 某企业生产甲产品,该产品分三个步骤连续加工制成,原材料在第一步骤一次投入,三个步骤的产量记录如图表总复-5所示。

图表总复-5

产品生产步骤的产量记录

单位:台

项 目	第一步骤	第二步骤	第三步骤
月初在产品数量	10	30	70
本月投入(或转入)数量	510	480	490
本月完工转出数量	480	490	500
月末在产品数量	40	20	60
月末在产品完工程度(%)	50	60	40

三、《成本会计》总复习题与模拟试题

要求

(1) 计算各步骤约当总产量(见图表总复-6,列出算式,不列式不得分)。

图表总复-6

各步骤约当总产量

单位:元

第一步骤	直接材料	
	其他费用	
第二步骤	其他费用	
第三步骤	其他费用	

(2) 编制第一步骤生产成本明细账(见图表总复-7),归集的费用已列示在下列生产成本明细账上(其余省略)。

图表总复-7

生产成本明细账

第一步骤 ××××年×月 完工产量:

项 目	直接材料	直接工资	制造费用	合 计
月初在产品成本	4 000	100	260	4 360
本月发生费用	20 800	3 500	9 340	33 640
合 计				
约当总产量				
单位成本(分配率)				
计入产成品成本份额				
月末在产品成本				

5. **资料** 某工业企业的基本生产车间将甲、乙、丙三种产品(主产品)归为一类,采用分类法计算成本。生产主产品产生的废料经过加

工,可以制成丁产品(副产品)。主产品的月末在产品按定额成本计价(资料见图表总复-9"主产品成本明细账"),副产品不计算月末在产品成本。产品的成本项目为"直接材料"、"直接人工"和"制造费用"。

该车间 2008 年 4 月份发生下列经济业务:

(1) 领用原材料 95 484 元,其中用于生产主产品的原料为 93 484 元,用于机物料消耗为 2 000 元。

(2) 领用低值易耗品 2 000 元,采用五五摊销法进行低值易耗品摊销的核算。

(3) 应付生产工人工资 19 950 元,应付车间管理人员工资 1 500 元。

(4) 支付生产工人和管理人员奖金分别为 2 793 元和 210 元。

(5) 计提固定资产折旧费 400 元。

(6) 用银行存款支付其他支出 7 090 元。

(7) 按计划预提固定资产租赁费 1 100 元。

该车间其他有关资料为:

(1) 主产品生产过程中产生的废料计价 654 元,全部用于生产丁产品。

(2) 各种产品产量见图表总复-9"主产品成本明细账"。

(3) 产品生产工时见图表总复-8"工资和制造费用分配表"。

图表总复-8

工资和制造费用分配表

2008 年 4 月

项 目	生产工时(小时)	直接人工(元)	制造费用(元)
本月发生额	×		
工、费分配率	×		
主产品	6 500		
副产品	150		
合 计	6 650		

图表总复-9

主产品成本明细账

产品类别：A类　　　　　2008年4月

项目	产品产量（件）	耗料总系数	定额工时（小时）	成本			
				直接材料	直接人工	制造费用	合计
月初在产品定额成本	×	×	×	21 000	5 485	2 965	29 450
本月生产费用	×	×	×				
减：废料价值	×	×	×		×	×	
生产费用累计	×	×	×				
产成品总成本(主产品)	×						
产成品成本分配率	×						×
甲产成品成本	1 200						
乙产成品成本	1 300						
丙产成品成本	800						
月末在产品定额成本	×	×	×	19 000	4 600	2 900	26 500

（4）主产品的成本分配方法是：原材料费用按耗料总系数比例分配，其中甲产品单件系数为1，乙产品单件系数为1.1，丙产品单件系数为0.8；其他费用按定额工时比例分配，其中甲产品工时定额为2.1小时，乙产品工时定额为1.8小时，丙产品工时定额为2.3小时。

要求

（1）根据该车间4月份发生的经济业务逐笔编制会计分录。

（2）计算并结转车间的制造费用。

（3）计算填列"工资和制造费用分配表"。

（4）计算填列"主产品成本明细账"。

（5）计算填列"副产品成本明细账"（见图表总复-10）。

图表总复-10

副产品成本明细账

产品名称：丁产品　　　　2008 年 4 月　　　　　产量：100 件

项　　目	直接材料	直接工人	制造费用	合　　计
本月生产费用				
产成品成本				

《成本会计》模拟试题（A）

作业日期_____年_____月_____日

姓名_____　成绩_____

一、单项选择题（每题1分，共20分）

1. 辅助生产费用的交互分配是指（　　）。
   A. 辅助生产费用在各辅助生产车间之间的分配
   B. 辅助生产费用在各基本生产车间之间的分配
   C. 辅助生产费用在各生产车间之间的分配
   D. 辅助生产费用在辅助生产车间与基本生产车间之间的分配

2. 公司本部发生的下列各项费用中，不可以作为管理费用核算的是（　　）。
   A. 管理人员工资　　　　B. 房屋折旧费
   C. 办公费　　　　　　　D. 利息支出

3. 某工人本月加工完成的甲产品数量为100件，其中合格品为95件，料废产品为2件，由本人过失造成的工废产品为3件。计件单价为10元/件。据此计算的该工人本月计件工资为（　　）元。
   A. 950　　　　　　　　B. 970
   C. 980　　　　　　　　D. 1 000

4. 某生产车间采用五五摊销法进行低值易耗品摊销的核算。该生产车间4月份领用低值易耗品的实际成本为10 000元；报废低值易耗品的实际成本为4 000元，残料计价100元。4月份应计入制造费用的低值易耗品摊销价值为（　　）元。
   A. 1 900　　　　　　　B. 3 900
   C. 4 900　　　　　　　D. 6 900

5. 下列账户在日常会计核算中，不属于与"待摊费用"账户贷方对应的账户是（　　）。
   A. "制造费用"　　　　B. "生产成本"

C. "管理费用"　　　　　D. "废品损失"

6. 在辅助生产车间之间相互提供产品或劳务的情况下,下列各项中,分配辅助生产费用最为准确的方法是(　　)。

　　A. 按计划成本分配法　　B. 交互分配法
　　C. 直接分配法　　　　　D. 代数分配法

7. 为了简化辅助生产费用的分配,辅助生产成本差异一般全部记入(　　)账户。

　　A. "制造费用"　　　　　B. "管理费用"
　　C. "营业外支出"　　　　D. "生产成本"

8. 下列提法中,正确的是(　　)。

　　A. 制造费用中不包括直接生产费用
　　B. 制造费用均为间接生产费用
　　C. 制造费用一般应按产品制定定额
　　D. 制造费用项目一经确定,不应任意变更

9. 在实际工作中,支付福利部门人员工资,应借记的账户是(　　)。

　　A. "管理费用"　　　　　B. "应付职工薪酬"
　　C. "生产成本"　　　　　D. "制造费用"

10. 生产车间固定资产修理期间发生的停工损失应计入(　　)。

　　A. 产品成本　　　　　　B. 营业外支出
　　C. 管理费用　　　　　　D. 废品损失

11. 某种产品发生不可修复废品后,如果废料不予回收,将会使该种产品的(　　)。

　　A. 总成本降低,单位成本增加
　　B. 总成本不变,单位成本增加
　　C. 总成本增加,单位成本增加
　　D. 总成本与单位成本均不变

12. 某种产品经两道工序加工完成。各道工序的工时定额分别为

24小时、16小时。各道工序的在产品在本道工序的加工程度按工时定额的50%计算。据此计算的第二道工序在产品累计工时定额为( )小时。

  A. 16   B. 20
  C. 32   D. 40

13. 在某种产品各月末在产品数量较大、但各月之间变化很小的情况下,为了简化成本计算工作,其生产费用在该种产品的完工产品与在产品之间进行分配时,适宜采用的方法是( )。

  A. 不计算在产品成本法
  B. 在产品按固定成本计价法
  C. 在产品按完工产品计算法
  D. 在产品按定额成本计价法

14. 平行结转分步法的优点是( )。

  A. 能够提供各生产步骤的半成品成本资料
  B. 能够为半成品的实物管理提供数据
  C. 各生产步骤可以同时计算产品成本
  D. 便于各生产步骤的成本管理

15. 下列方法中,属于不计算半成品成本的分步法是( )。

  A. 逐步结转法   B. 平行结转法
  C. 综合结转法   D. 分项结转法

16. 某产品的实际产量、工时定额及计划每小时生产工资三者的乘积为( )。

  A. 该产品的实际生产工资   B. 该产品的定额生产工资
  C. 该产品的生产工资定额   D. 该产品的计划生产工资

17. 成本还原分配率的计算公式是( )。

  A. $\dfrac{\text{本月所产半成品成本合计}}{\text{本月产成品所耗该种半成品费用}}$

  B. $\dfrac{\text{本月产成品所耗上一步骤半成品费用}}{\text{本月所产该种半成品成本合计}}$

C. $\dfrac{\text{本月产成品成本合计}}{\text{本月产成品所耗半成品费用}}$

D. $\dfrac{\text{本月产成品所耗半成品费用}}{\text{本月产成品成本合计}}$

18. 下列各项费用中,不能直接借记"生产成本"账户的是(　　)。

　　A. 车间生产工人奖金　　B. 车间生产工人工资

　　C. 车间管理人员工资

　　D. 构成产品实体的原料费用

19. 下列各项中,不应计入废品损失的是(　　)。

　　A. 不可修复废品的生产成本

　　B. 可修复废品的生产成本

　　C. 用于修复废品的人工费用

　　D. 用于修复废品的材料费用

20. 下列费用中,属于工业企业制造费用明细表反映的内容是(　　)。

　　A. 各生产单位的制造费用

　　B. 辅助生产车间的制造费用

　　C. 基本生产车间的制造费用

　　D. 基本生产车间和辅助生产车间的制造费用

二、多项选择题(每题2分,共20分)

1. 下列费用分配表中,可以直接作为基本生产车间产品成本明细账登记依据的有(　　)。

　　A. 原材料费用分配表　　B. 工资费用分配表

　　C. 折旧费用分配表　　　D. 制造费用分配表

2. 下列方法中,属于产品成本计算的辅助方法有(　　)。

　　A. 分步法　　　　　　B. 分类法

　　C. 定额成本法　　　　D. 分批法

3. 企业"制造费用"账户期末如有余额,则下列提法正确的有( )。

　　A. 借方余额表示在产品费用

　　B. 借方余额表示待摊费用

　　C. 借方余额表示递延资产

　　D. 贷方余额表示预提费用

4. 采用分批法计算产品成本时,成本计算对象可以按( )。

　　A. 一张定单中的不同品种产品分别确定

　　B. 一张定单中的同种产品分批确定

　　C. 一张定单中单件产品的组成部分分别确定

　　D. 多张定单中的同种产品确定

5. 采用简化的分批法,基本生产成本二级账与产品成本明细账可以逐月核对的项目有( )。

　　A. 月末在产品原材料项目余额

　　B. 月末在产品工资及福利费项目余额

　　C. 月末在产品制造费用项目余额

　　D. 月末在产品生产工时项目余额

6. 采用分步法,作为成本计算对象的生产步骤可以( )。

　　A. 按实际生产步骤设立

　　B. 按生产车间设立

　　C. 按一个车间中的几个生产步骤分别设立

　　D. 按几个车间合并成的一个生产步骤设立

7. 采用平行结转分步法不能提供( )。

　　A. 按原始成本项目反映的产成品成本资料

　　B. 所耗上一步骤半成品成本的资料

　　C. 各步骤完工半成品成本的资料

　　D. 本步骤应计入产成品成本份额的资料

8. 在品种规格繁多且可按一定标准划分为若干类别的企业或车间中,能够应用分类法计算成本的产品生产类型有( )。

A. 大量大批单步骤生产　　B. 大量大批多步骤生产
C. 单件小批单步骤生产　　D. 单件小批多步骤生产

9. 采用分类法，某类产品中各种产品之间分配费用的标准可以选用（　　）。

A. 定额消耗量　　　　B. 定额费用
C. 产品售价　　　　　D. 相对固定的系数

10. 在各种成本计算方法的实际应用中，属于几种成本计算方法同时应用的有（　　）。

A. 一种产品的不同部件采用不同的成本计算方法
B. 一个车间的几种产品采用不同的成本计算方法
C. 不同车间的不同产品采用不同的成本计算方法
D. 一种产品的不同成本项目采用不同的成本计算方法

三、判断题（每题1分，共10分）

1. 划分产品成本计算基本方法的标志是成本计算对象。（　　）
2. 某产品在完工产品与在产品之间分配生产费用采用在产品按固定成本计价法，该产品12月份发生的生产费用之和也就是该产品当月的完工产品成本。（　　）
3. 工业企业的生产费用是指企业在生产经营管理过程中发生的费用总额。（　　）
4. 凡是直接计入费用都应设置专门的成本项目。（　　）
5. 在作业成本法下，不需要计算边际贡献（贡献毛益）。（　　）
6. "废品损失"科目月末应无余额。（　　）
7. 在月末未完工产品批数较多的情况下，不适宜采用简化的分批法。（　　）
8. 在平行结转分步法下，只能采用定额比例法进行产成品和在产品之间的费用分配。（　　）
9. 分类法不需要分产品品种计算成本，因而产品成本明细账可按类别设置。（　　）

10. 价格变动差异是指由于修订消耗定额或修订生产耗费计划价格而产生的新旧价格之间的差额。（   ）

四、简答题（2题任选1题做，共5分）

1. 为什么说在分批法下，成本计算期与生产周期一致，与会计报告期不一致？

2. 什么是标准成本？为什么说标准成本法具有成本控制的作用？

五、计算分析题（45分）

1. **资料**　某工业企业某月生产甲、乙两种产品，共同耗用A原材料，耗用量无法按产品直接划分。甲产品投产100件，原材料消耗定额为5千克；乙产品投产150件，原材料消耗定额为2千克。A原材料的计划单价为3元/千克，成本差异率为超支2%。甲、乙两种产品实际消耗A原材料总量为320千克。

要求

（1）分别计算甲、乙产品的原材料定额消耗量。

（2）按原材料定额消耗量比例，计算A原材料消耗量的分配率。

（3）根据A原材料的分配率，计算甲、乙产品各耗用A原材料的数量。

（4）分别计算甲、乙产品应负担的A原材料实际费用。

2. **资料**　某制造公司下设供水和运输两个辅助生产车间。辅助生产车间的制造费用不通过"制造费用"科目核算。辅助生产费用的分配采用交互分配法。2008年4月份各辅助生产车间发生的费用及提供的产品和劳务数量见图表模拟-1"辅助生产费用分配表"。

要求

（1）计算填列"辅助生产费用分配表"。

（2）编制辅助生产费用交互分配的会计分录。

（3）编制辅助生产费用对外分配的会计分录。

图表模拟-1

辅助生产费用分配表

××公司　　　　　　　　2008年4月

项目			交互分配			对外分配		
辅助生产车间名称			供水	运输	合计	供水	运输	合计
待分配费用(元)			8 200	18 200	26 400			
产品或劳务供应数量			41 000（吨）	5 200（公里）	×			×
单位成本(分配率)					×			×
辅助生产车间	供水	耗用数量	×	200	×	×	×	×
		分配金额	×			×	×	×
	运输	耗用数量	1 000	×	×	×	×	×
		分配金额		×		×	×	×
	分配金额小计					×	×	×
基本生产车间		耗用数量	×	×	×	35 000	4 000	×
		分配金额	×	×	×			
企业管理部门		耗用数量	×	×	×	5 000	1 000	
		分配金额	×	×	×			
分配金额合计			×	×	×			

注：分配率保留4位小数。

3. **资料** 某生产性企业生产甲产品，分三个工序加工，期末在产品数量如图表模拟-2所示，在产品在各工序施工程度均为50%。

图表模拟-2

甲产品期末在产品数量

工时	工时定额（小时）	盘存数量(件)	完工率计算式	约当产量(件)
一	10	5 000		
二	10	2 000		
三	20	600		
合计	40	7 600		

要求 按"累计工时定额比例"计算各工序的完工率和在产品约当产量。

4. **资料** 某公司2008年7月份有关乙商品收发明细记录如下。

要求 根据资料,按后进先出倒算法列式计算各次发料成本,据以登记下列乙库存商品明细账(见图表模拟-3),并结出每次收、发后结存数额以及本期发生额和期末结存余额。

图表模拟-3

库存商品明细账

材料名称:乙商品

2008年		凭证号码	摘要	收入			发出			结存		
月	日			数量	单价	金额	数量	单价	金额	数量	单价	金额
7	1		期初余额							400	30	12 000
	4		收入	600	33	19 800						
	10	(略)	发出				700					
	16		收入	600	30.5	18 300						
	21		发出				400					
	24		收入	600	31.3	18 780						
	30		发出				800					
本期发生额及期末余额				1 800		56 880	1 900					

10日销售商品成本=

21日销售商品成本=

30日销售商品成本=

5. **资料** 某企业2008年度生产甲、乙两种可比产品,有关产品成本如图表模拟-4所示。

图表模拟-4

产 品 成 本 表

单位：元

产品名称	计量单位	产量		单 位 成 本		
		本年计划	本年实际	上年实际	本年计划	本年实际
甲	件	200	240	10	8	8
乙	件	100	90	5	5	4
合计	—			—	—	—

要求

(1) 计算该企业本年度可比产品成本计划降低额和降低率。

① 计划降低额＝

② 计划降低率＝

(2) 计划该企业本年度可比产品成本实际降低额和降低率。

① 实际降低额＝

② 实际降低率＝

(3) 综合可比产品成本降低计划的完成情况，填制下表（见图表模拟-5）。

图表模拟-5

可比产品成本降低计划的完成情况

项　　目	计划数	实际数	差　异
降低额(元)			
降低率(%)			

(4) 分析计算影响可比产品成本降低率计划完成指标的各项因素。

(5) 分析计算影响可比产品成本降低额计划指标完成的各项因素。

《成本会计》模拟试题(B)

作业日期_____年_____月_____日

姓 名	
成 绩	

一、单项选择题(每题1分,共20分)

1. 成本按其性态分类可分为(   )。
   A. 固定成本、变动成本和混合成本
   B. 计划成本、定额成本和标准成本
   C. 材料成本、工资成本和费用成本
   D. 实际成本、完全成本和变动成本

2. 下列各项中,属于分类法优点的是(   )。
   A. 能提高成本计算的正确性
   B. 能加强成本控制
   C. 能分品种掌握产品成本水平
   D. 能简化产品成本的计算

3. A产品的某些零件从本月初起修订原材料费用定额。A产品每件产品旧的原材料费用定额为20元,新的原材料费用定额为16元。A产品上月末在产品的原材料定额费用为5 000元。据此计算的本月初在产品定额变动差异为(   )元。
   A. 1 250   B. —1 250
   C. 1 000   D. —1 000

4. 根据适用期合理的耗费量、合理的耗费价格和生产能力可能利用程度等条件制定的标准成本为(   )。
   A. 现实标准成本   B. 平均标准成本
   C. 正常标准成本   D. 理想标准成本

5. 下列各项中,属于工业企业生产经营管理费用的是(   )。
   A. 对外投资发生的支出   B. 固定资产盘亏损失
   C. 季节性停工损失   D. 固定资产报废清理损失

6. 下列各项中,属于直接生产费用的是( )。
    A. 机物料消耗   B. 辅助工人工资
    C. 车间厂房折旧费用   D. 机器设备折旧费用

7. 在按产品种类反映的产品生产成本表中,应反映上年成本资料的产品是( )。
    A. 主要产品   B. 非主要产品
    C. 可比产品   D. 不可比产品

8. 甲、乙两种产品共同耗费的燃料费用为6 000元,按燃料定额消耗量比例分配。甲、乙产品的定额消耗量分别为200千克和300千克。据此计算的燃料费用分配率为( )。
    A. 12   B. 20
    C. 30   D. 60

9. 某企业采用分批法计算产品成本,并把不同日期投产的产品作为不同的批别。4月2日投产A产品3件,B产品2件;4月15日投产B产品1件,C产品4件;4月30日投产D产品3件。据此计算该企业4月份应新开设产品成本明细账( )张。
    A. 13   B. 3
    C. 4   D. 5

10. 下列各项中,属于分项结转法优点的是( )。
    A. 能直接提供按原始成本项目反映的产品成本资料
    B. 各步骤可同时计算产品成本,加速成本计算工作
    C. 便于进行各步骤完工产品成本分析
    D. 简化半成品收发凭证计价和记账工作

11. 下列各种分步法中,半成品成本不随实物转移而结转的方法是( )。
    A. 按实际成本综合结转法   B. 按计划成本综合结转法
    C. 平行结转分步法   D. 分项结转法

12. 某种产品的各项定额准确、稳定,且各月末在产品数量变化不

大,为了简化成本计算工作,其生产费用在完工产品与在产品之间进行分配应采用( )。

A. 在产品按定额成本计价法 B. 在产品按完工产品计算法

C. 约当产量比例法   D. 定额比例法

13. 某车间采用按年度计划分配率分配法分配制造费用。该车间全年制造费用计划为 3 780 元。全年各种产品的计划产量为:甲产品 200 件,乙产品 400 件;单件产品的工时定额为:甲产品 5 小时,乙产品 2 小时。据此计算的该车间制造费用年度计划分配率是( )。

A. 540   B. 6.3

C. 2.1   D. 0.9

14. 某产品 4 月份在生产过程中发现的不可修复废品的生产成本为 800 元,入库后发现的不可修复废品的生产成本为 400 元,可修复废品的修复费用为 300 元,回收废品残料的价值为 100 元。据此计算的该产品 4 月份废品净损失是( )元。

A. 1 000   B. 1 100

C. 1 400   D. 1 500

15. 在大量大批多步骤生产的情况下,如果管理上不要求分步计算产品成本,其所采用的成本计算方法应是( )。

A. 品种法   B. 分批法

C. 分步法   D. 分类法

16. 简化的分批法是( )。

A. 分批计算在产品成本的分批法

B. 不分批计算在产品成本的分批法

C. 不计算在产品成本的分批法

D. 不分批计算完工产品成本的分批法

17. 采用简化的分批法,下列各项中,属于产品成本明细账登记的内容是( )。

A. 本月发生的直接材料   B. 本月发生的直接人工

C. 本月发生的制造费用　　D. 本月发生的费用合计

18. 某种产品生产分两个步骤,采用逐步结转分步法计算成本。本月第一步骤交库的完工半成品成本为5 000元。第二步骤领用的半成品成本为4 000元;本月发生的其他生产费用为6 000元,月初、月末在产品成本分别为1 000元和800元。据此计算的该产品产成品成本为(　　)元。

　　A. 11 200　　　　　　B. 10 800
　　C. 10 200　　　　　　D. 9 800

19. 不能采用分类法及与其相类似的方法进行成本计算的产品是(　　)。

　　A. 联产品　　　　　　B. 等级产品
　　C. 主、副产品　　　　D. 零星产品

20. 计算产值成本率所采用的分析方法是(　　)。

　　A. 相关指标比率分析法　B. 构成比率分析法
　　C. 对比分析法　　　　D. 差额计算分析法

二、多项选择题(每题2分,共20分)

1. 下列项目中,属于"目标成本"的有(　　)。

　　A. 计划成本　　　　　B. 作业成本
　　C. 定额成本　　　　　D. 标准成本

2. 分配折旧费用时,可能借记的账户有(　　)。

　　A. "主营业务成本"　　B. "生产成本"
　　C. "制造费用"　　　　D. "生产费用"

3. 分配制造费用时,可能借记的账户有(　　)。

　　A. "生产费用"　　　　B. "管理费用"
　　C. "财务费用"　　　　D. "生产成本"

4. 在确定完工产品与在产品费用分配的方法时,应考虑的条件有(　　)。

　　A. 各月末在产品数量多少

B. 各月末在产品数量变化大小

C. 在产品是否接近完工   D. 定额管理基础好坏

5. 在辅助生产的制造费用通过"制造费用"账户核算的企业中,直接记入"辅助生产成本"账户借方的费用可能有(   )。

A. 辅助生产车间工人工资

B. 辅助生产车间管理人员工资

C. 辅助生产车间动力电费

D. 辅助生产车间照明电费

6. 各月份在产品数量较多而且变化也较大,在完工产品与月末在产品之间分配生产费用时,不宜采用的方法有(   )。

A. 在产品不计算成本法

B. 在产品按固定成本计价法

C. 约当产量比例法

D. 在产品按定额成本计价法

7. 下列各项中,属于简化分批法内容的有(   )。

A. 不分批计算在产品成本

B. 计算全部在产品总成本

C. 分批计算完工产品成本

D. 分批计算在产品的间接计入费用

8. 在分步法中,相互对称的结转方法有(   )。

A. 逐步结转与分项结转   B. 综合结转与平行结转

C. 逐步结转与平行结转   D. 综合结转与分项结转

9. 半成品成本综合结转可以采用的方法有(   )。

A. 按实际成本结转   B. 按定额成本结转

C. 按计划成本结转   D. 按成本项目结转

10. 影响可比产品成本降低率的因素有(   )。

A. 产品产量   B. 产品价格

C. 产品品种比重   D. 产品单位成本

三、判断题(每题1分,共10分)

1. 质量成本是指企业在一定时期内发生的、用货币表现的生产产品的成本耗费。( )

2. 在成本核算中,应该正确划分完工产品与在产品的费用界限,防止任意提高或降低月末在产品费用,人为调节完工产品的成本。
( )

3. 在实际工作中,某些不形成产品价值的损失,也可作为生产费用计入产品成本。( )

4. 每个工业企业最终都必须按照产品品种算出产品成本。( )

5. 产品的定额成本与计划成本的相同之处在于,它们均是以产品生产耗费的消耗定额和计划价格为依据确定的目标成本。( )

6. 为了正确划分各个月份的费用界限,企业发生的数额较大的费用均应采用跨期摊配的方法处理。( )

7. 本月发生的生产经营管理费用须从本月的收入中扣除。( )

8. 企业的工资总额都应计入产品成本。( )

9. 逐步结转分步法实际上就是品种法的多次连接应用。( )

10. 为了规范企业成本信息的对外披露,国家对成本报表的种类、项目、格式和编制方法均作了统一规定。( )

四、简答题(2题任选1题做,共5分)

1. 简述分类法的计算程序与计算方法。
2. 简述成本中心的特点及其考核指标。

五、计算分析题(45分)

1. **资料** 某工厂生产A、B两种产品,本月领用原材料的实际费用如下所示。

(1) 制造A产品直接领用原材料30 000元。

(2) 制造B产品直接领用原材料21 000元。

(3) 制造两种产品共同耗用原材料84 000千克,每千克0.6元,按定额耗用量比例计算分配。

产量和定额资料：

	产　量	单位消耗定额
A产品	8 000 件	6 千克
B产品	1 200 件	10 千克

要求

（1）根据以上资料，编制材料费用分配表如图表模拟-6所示。

图表模拟-6

产品共同耗用材料分配表

金额单位：元

产品名称	产量（件）	消耗定额（千克）	定额耗用量	分配率	应分配材料耗用量	材料费用
A产品						
B产品						
合　计						

（2）编制耗用材料费用的会计分录。

会计分录：

2. **资料** 某公司辅助生产车间9月份发生的费用和劳务数量如图表模拟-7所示。

图表模拟-7

费用和劳务数量表

辅助生产车间		蒸汽车间	机修车间
待分配费用(元)		24 000	40 000
供应劳务数量		120 000 立方米	20 000 工时
耗用部门	蒸汽车间		4 000 工时
	机修车间	20 000 立方米	
	A产品	40 000 立方米	
	B产品	50 000 立方米	
	基本生产车间		14 000 工时
	行政管理部门	10 000 立方米	2 000 工时

要求 采用一次交互分配法分配辅助生产费用(见图表模拟-8),并编制会计分录。

图表模拟-8

辅助生产费用分配表(一次交互分配法)

2008 年 9 月　　　　　　　　　　金额单位:元

项目		蒸汽车间			机修车间			合计
		数量	分配率	金额	数量	分配率	金额	
交互分配前								
交互分配	蒸汽车间							
	机修车间							
交互分配后								
对外分配	A产品							
	B产品							
	基本生产车间							
	行政管理部门							
	合计							

会计分录:

3. 资料 某公司生产甲产品,该产品由两个车间连续加工制成,产品成本计算采用综合连续结转分步法,2008 年 5 月份有关一车间完工半成品成本和二车间完工 A 产品 200 件成本如图表模拟-9 所示。

图表模拟-9

完工半成品和产成品成本表

单位:元

项目	半成品	直接材料	直接工资	制造费用	合计
一车间完工半成品成本		38 300	7 800	3 900	50 000
二车间完工产成品成本	48 000		10 560	8 000	66 560

要求

(1) 根据上列资料,编制"产品成本还原计算表"(见图表模拟-10)。

(2) 列式计算产品成本还原分配率。

图表模拟-10

产品成本还原计算表

产品名称: 2008年5月

完工产量:

单位:元

行次	项　　目	半成品	直接材料	直接工资	制造费用	合　计
1	还原前产成品成本					
2	本月所产半成品成本					
3	半成品还原成本					
4	还原后产成品总成本					
5	还原后产成品单位成本					

产品成本还原分配率=

4. 资料 甲产品经两道工序完工,采用约当产量比例法分配各项生产费用。4月份,甲产品完工产品500件;月末在产品数量为:第一道工序350件,第二道工序200件。其他有关资料如下:

(1) 原材料分两道工序在每道工序开始时一次投入;第一道工序的消耗定额为30千克,第二道工序的消耗定额为20千克。甲产品月初在产品和本月发生的原材料费用共计182 000元。

(2) 甲产品完工产品工时定额为50小时,其中第一道工序为40小时;第二道工序为10小时。每道工序在产品工时定额(本工序部分)按本工序工时定额的50%计算。甲产品月初在产品和本月发生的直接人工共计16 400元,制造费用共计24 600元。

要求

(1) 按原材料消耗定额计算甲产品各工序在产品完工率(列出计算过程)。

(2) 按工时定额计算甲产品各工序在产品完工率(列出计算过程)。

(3) 按以原材料消耗定额确定的完工率计算甲产品在产品约当产量(列出计算过程)。

(4) 按以工时定额确定的完工率计算甲产品在产品约当产量(列出计算过程)。

(5) 分别计算原材料费用、直接人工、制造费用等费用的分配率(列出计算过程)。

(6) 根据上述计算的原材料费用、直接人工、制造费用分配率,分别计算完工产品成本及月末在产品成本(列出计算过程)。

5. **资料**　某企业A产品生产分两个步骤,分别由第一、第二两个生产车间进行。第一车间为第二车间提供半成品,第二车间将半成品加工为产成品。该企业采用平行结转分步法按生产步骤(车间)计算产品成本。在完工产品和月末在产品之间,采用定额比例法分配费用。直接材料费用按材料定额费用比例分配,其他各项费用按定额工时比例分配。第一、第二两个车间月初和本月费用资料,以及产成品和月末在产品有关定额资料,见下列产品成本明细账(见图表模拟-11、图表模拟-12)。

图表模拟-11

产品成本明细账

2008年4月

车间名称:第一车间　　　产品名称:A　　　　产量:100件

成本项目	月初在产品成本	本月费用	生产费用合计	分配率	产成品成本中本车间份额		月末在产品成本	
					定额	实际成本	定额	实际成本
直接材料	4 000	8 600	12 600		8 000 (元)		6 000 (元)	
直接人工	1 300	3 500	4 800		700 (小时)		500 (小时)	
制造费用	900	2 700	3 600		×		×	
合　计	6 200	14 800	21 000	×	×		×	

图表模拟-12

产品成本明细账

2008 年 4 月

车间名称：第二车间　　　　产品名称：A　　　　　　产量：100 件

成本项目	月初在产品成本	本月费用	生产费用合计	分配率	产成品成本中本车间份额		月末在产品成本	
					定额	实际成本	定额	实际成本
直接材料	×	×	×	×	×	×	×	×
直接人工	1 300	4 700	6 000		900（小时）		300（小时）	
制造费用	700	1 700	2 400		×		×	
合　计	2 000	6 400	8 400	×			×	

要求

(1) 根据有关资料计算填列 A 产品第一、第二两个车间产品成本明细账。

(2) 计算填列 A 产品产"成品成本汇总计算表"（见图表模拟-13）。

图表模拟-13

产成品成本汇总计算表

产成品名称：A　　　　2008 年 4 月　　　　　产量：100 件

金额单位：元

成本项目	直接材料	直接人工	制造费用	合　计
第一车间份额				
第二车间份额	×			
总　成　本				

《成本会计》模拟试题(C)

作业日期_____年_____月_____日

姓名	
成绩	

一、单项选择题(每题1分,共20分)

1. 下列各项中,属于工业企业费用要素的是(　　)。
   A. 原材料　　　　　　B. 利息费用
   C. 工资　　　　　　　D. 停工损失

2. 某企业生产甲、乙两种产品。该企业的单位电价为每度0.75元。各产品的电费按生产工时分配。甲、乙两种产品本月用电合计20 000度;生产工时共计1 500小时,其中甲产品的生产工时为900小时。据此计算的乙产品本月负担的电费是(　　)元。
   A. 9 000　　　　　　B. 6 000
   C. 1 500　　　　　　D. 900

3. 甲产品月末在产品只计算原材料费用。该产品月初在产品原材料费用为3 600元;本月发生的原材料费用2 100元。原材料均在生产开始时一次投入。本月完工产品200件,月末在产品100件。据此计算的甲产品本月末在产品原材料费用是(　　)元。
   A. 5 700　　　　　　B. 3 800
   C. 2 100　　　　　　D. 1 900

4. 各月在产品数量变动较大的情况下,采用在产品按定额成本计价法将生产费用在完工产品和在产品之间进行分配时,可能导致(　　)。
   A. 月初在产品成本为负数
   B. 本月发生的生产费用为负数
   C. 本月完工产品成本为负数
   D. 月末在产品成本为负数

5. 区别各种产品成本计算基本方法的标志是(　　)。

A. 成本管理要求　　　B. 成本计算期间
C. 成本计算对象　　　D. 间接费用的分配方法

6. 下列方法中,最适合于按客户定单计算产品成本的方法是(　　)。
A. 品种法　　　　　B. 分类法
C. 分步法　　　　　D. 分批法

7. 某种产品经两道工序加工完成。第一工序的月末在产品数量为100件,完工程度为20%;第二工序的月末在产品数量为200件,完工程度为70%。据此计算的月末在产品约当产量为(　　)件。
A. 20　　　　　　B. 135
C. 140　　　　　 D. 160

8. 工业企业为生产一定种类、一定数量的产品所支出的各种生产费用总和,称为(　　)。
A. 生产费用　　　　B. 产品成本
C. 经营管理费用　　D. 生产经营管理费用

9. 下列各项中,不属于工业企业产品成本构成内容的是(　　)。
A. 停工损失　　　　　B. 不可修复废品损失
C. 可修复废品修复费用　D. 销售费用

10. 某工业企业甲产品从4月1日起修订原材料消耗定额。每件产品旧的原材料费用定额为100元,新的原材料费用定额为80元。甲产品3月31日在产品的原材料定额费用为20 000元。据此计算的4月份甲产品月初在产品定额变动差异是(　　)元。
A. 4 000　　　　　B. -4 000
C. 5 000　　　　　D. -5 000

11. 下列各项中,属于变动成本的是(　　)。
A. 按使用年限法计算的厂房折旧费
B. 管理人员工资
C. 生产工人计件工资
D. 企业财产保险费

12. 下列成本计算方法中,必须设置基本生产成本二级账的方法是( )。

　　A. 平行结转分步法　　　　B. 逐步结转分步法

　　C. 简化分批法　　　　　　D. 分类法

13. 下列各项中,属于品种法特点的是( )。

　　A. 分品种、分批别、分步骤计算产品成本

　　B. 分品种、分批别、不分步骤计算产品成本

　　C. 分品种、不分批别、不分步骤计算产品成本

　　D. 不分品种、分批别、分步骤计算产品成本

14. 不计算半成品成本的分步法是指( )。

　　A. 逐步分项结转分步法

　　B. 平行结转分步法

　　C. 按实际成本综合结转分步法

15. 采用平行结转分步法,第二生产步骤的广义在产品不包括( )。

　　A. 第一生产步骤正在加工的在产品

　　B. 第二生产步骤正在加工的在产品

　　C. 第二生产步骤完工入库的半成品

　　D. 第三生产步骤正在加工的在产品

16. 对有半成品单独出售的多步骤生产,企业应采用的成本计算方法是( )。

　　A. 品种法　　　　　　　　B. 分批法

　　C. 逐步结转分步法　　　　D. 平行结转分步法

17. 单位产品标准成本＝单位产品标准消耗量×( )。

　　A. 实际单价　　　　　　　B. 计划单价

　　C. 标准单价　　　　　　　D. 预算单价

18. 工时消耗变动影响＝(单位产品实耗工时－单位产品计划工时)×( )。

  A. 实际小时工资率   B. 计划小时工资率
  C. 标准小时工资率   D. 预算小时工资率
 19. 按产品的一定类别为成本计算对象开设成本计算单的成本计算方法是(　　)。
  A. 品种法   B. 分批法
  C. 分步法   D. 分类法
 20. 零售企业通常采用的核算方法是(　　)。
  A. 数量进价金额核算法   B. 数量售价金额核算法
  C. 售价金额核算法   D. 进价金额核算法

二、多项选择题(每题 2 分,共 20 分)

 1. 成本核算的基础工作包括(　　)。
  A. 费用的分配和归集
  B. 定额的制定和修订
  C. 材料物资的计量、收发、领退和盘点
  D. 费用界限的划分
 2. 属于工业企业费用要素的有(　　)。
  A. 原材料   B. 工资
  C. 利息费用   D. 外购动力
 3. 属于直接生产费用的有(　　)。
  A. 生产工人计时工资   B. 生产工人计件工资
  C. 车间机器折旧费用   D. 车间厂房折旧费用
 4. 属于间接生产费用的有(　　)。
  A. 管理费用   B. 财务费用
  C. 车间机物料消耗   D. 分厂辅助工人工资
 5. 为了进行产品成本的总分类核算,工业企业可以根据不同的情况,设立不同的总账账户;可以(　　)。
  A. 设立"生产成本"账户
  B. 设立"生产费用"账户

C. 设立"基本生产成本"和"辅助生产成本"明细账户

D. 在"生产成本"账户之外,增设"废品损失"账户

6. 品种法适用于( )。

　A. 大量大批单步骤生产

　B. 小批单件单步骤生产

　C. 管理上不要求分步骤计算产品成本的大量大批多步骤生产

　D. 管理上不要求分步骤计算产品成本的小批单件多步骤生产

7. 采用分批法时,作为成本计算对象的某一批别可以是( )。

　A. 不同定单中的同种产品

　B. 同一定单同种产品的组成部分

　C. 同一定单中的不同产品

　D. 不同定单中的不同产品

8. 采用分步法时,作为成本计算对象的生产步骤可以( )。

　A. 按生产车间设立

　B. 按实际生产步骤设立

　C. 在一个车间内按不同生产步骤设立

　D. 将几个车间合并设立

9. 能够采用倒算法计算商品批发企业销售成本的方法有( )。

　A. 先进先出法

　B. 后进先出法

　C. 加权平均法

　D. 移动加权平均法

10. 按成本项目反映的产品生产成本表能够披露报告期内的( )。

　A. 全部产品生产费用支出情况

　B. 完工产品累计实际总成本

　C. 按实际产量和上年实际单位成本计算的总成本

　D. 按计划产量和计划单位成本计算的总成本

三、判断题(每题1分,共10分)

1. 平行结转分步法下计算的产品成本必须还原。（　）

2. 凡多步骤生产的企业,其成本计算的方法一律应采用分步法(逐步结转分步法或平行结转分步法)。（　）

3. 采用先进先出法,在物价持续上涨的情况下,会使当月销售成本偏低。（　）

4. 零售环节的商品流通企业一般采用售价核算,而批发环节的商品流通企业一般采用进价核算方法。（　）

5. 产值成本率＝商品产品总成本÷商品销售收入。（　）

6. 在作业成本下,未利用的生产能力的成本不应当计入产品成本。（　）

7. 不可修复废品的生产成本只能按废品所耗实际费用计算。（　）

8. 分类法与产品生产的类型没有直接联系,只要产品种类繁多且可以按一定标准分类,就可以采用分类法计算成本。（　）

9. 标准成本法的核心是按标准成本记录和反映产品成本的形成过程和结果,以实现对产品成本的控制。（　）

10. 在固定成本总额不变的情况下,单位产品固定成本随产量减少而增加。（　）

四、简答题(2题任选1题做,共5分)

1. 简述先进先出法、后进先出法与物价涨跌的关系。
2. 简述成本费用控制目标与控制要点。

五、计算分析题(45分)

1. **资料**　某企业生产甲、乙、丙三种产品,本月共同耗用#101材料58 638元,按定额消耗量比例进行分配,有关资料如图表模拟-14所示。

要求　根据资料编制材料费用分配表(见图表模拟-14),并作材料费用分配的会计分录。

图表模拟-14   原材料费用分配表
              2008年8月   单位：元

产品名称	产量（件）	单位消耗定额（千克）	定额耗用量（千克）	分配率	应分配费用（元）
甲产品	460	10			
乙产品	700	8			
丙产品	1 200	6			
合　计					

会计分录：

2. **资料**　某季节性生产车间全年制造费用计划为82 400元；全年各种产品的计划产量为：A产品2 000件，B产品1 060件；单件产品的工时定额为：A产品4小时，B产品8小时。4月份该车间的实际产量为：A产品120件，B产品90件。

要求

(1) 计算制造费用年度计划分配率(列出计算过程)。

(2) 计算4月份应分配转出的制造费用(列出计算过程)，并编制有关会计分录。

3. **资料**　某企业生产甲、乙、丙三种产品。该企业2008年4月份发生的外购动力(电力)费用、产品生产工时、各车间及部门用电度数见图表模拟-15"外购动力(电力)费用分配表"。

假定：

(1) 各车间及部门的动力(电力)费用按用电度数分配。

(2) 各产品的动力(电力)费用按生产工时分配。

要求

(1) 计算电费分配率和动力费用分配率(列出计算过程)。

(2) 计算填列"外购动力(电力)费用分配表"。

(3) 编制有关会计分录。

图表模拟-15

外购动力(电力)费用分配表

××企业　　　　　　2008年4月

应借科目		成本或费用项目	动力费用分配		电费分配	
			生产工时(小时)	分配金额(元)	用电度数(度)	分配金额(元)
基本生产成本	甲产品	燃料及动力	8 400		×	×
	乙产品	燃料及动力	9 100		×	×
	丙产品	燃料及动力	10 500		×	×
	小　计	×	28 000		26 000	
制造费用	基本生产车间	水电费	×	×	9 100	
辅助生产成本	机修车间	水电费	×	×	7 100	
管理费用		水电费	×	×	2 800	
合　计			×	×	45 000	6 300

会计分录：

4. **资料**　某公司设有蒸汽和机修两个辅助生产车间，8月份发生的费用和提供的产品、劳务数量如图表模拟-16所示。

图表模拟-16

费用、产品和劳务数量表

辅助车间名称		蒸汽车间	机修车间
待分配费用(元)		26 400	82 800
供应产品,劳务数量		132 000 立方米	13 800 工时
耗用部门	蒸汽车间		2 240 工时
	机修车间	20 000 立方米	
	甲产品	45 000 立方米	
	乙产品	60 000 立方米	
	基本生产车间		10 000 工时
	管理部门	7 000 立方米	1 560 工时

要求 按"一次交互分配法"编制"辅助生产费用分配表"(见图表模拟-17),并编制会计分录(分配率除不尽保留三位小数,第四位四舍五入,尾差调入管理费用)。

图表模拟-17

辅助生产费用分配表

2008 年 8 月　　　　　　　　　　金额单位:元

摘要		交 互 分 配				对 外 分 配				合计
		蒸汽		机修		蒸汽		机修		
		数量	金额	数量	金额	数量	金额	数量	金额	
交互分配	分配前数量及费用									
	分配率									
	交互分配									
	蒸汽车间									
	机修车间									
	分配后数量及费用									
对外分配	待分配数量及费用									
	分配率									
	甲产品									
	乙产品									
	基本生产车间									
	管理部门									
	合　计									

会计分录:

5. **资料** 某企业 A 产品生产分两个步骤,分别由第一、第二两个生产车间进行。第一车间生产半成品,交半成品库验收,第二车间按所需半成品数量向半成品库领用;第二车间所耗半成品费用按全月一次加权平均单位成本计算。两个车间月末在产品均按定额成本计价。该

三、《成本会计》总复习题与模拟试题　　233

企业采用按实际成本综合结转的逐步结转分步法计算 A 产品成本。

第一、第二两个车间月初、月末在产品定额成本资料及本月生产费用资料见"产品成本明细账"（见图表模拟-18、图表模拟-20）；自制半成品月初余额、本月第一车间完工半成品交库数量及本月第二车间领用自制半成品数量见"自制半成品明细账"（见图表模拟-19）。

图表模拟-18

产品成本明细账

车间名称：第一车间　　　　　　　　　　　　产品名称：半成品 A

项目	直接材料	直接人工	制造费用	合计
月初在产品定额成本	6 000	3 800	2 900	12 700
本月生产费用	30 200	21 500	16 500	68 200
生产费用合计				
完工半成品成本				
月末在产品定额成本	6 300	2 800	1 800	10 900

图表模拟-19

自制半成品明细账

半成品名称：半成品 A

月份	月初余额		本月增加		合计			本月减少	
	数量	实际成本	数量	实际成本	数量	实际成本	单位成本	数量	实际成本
×	500	11 000	2 500					2 600	

要求

(1) 计算填列"产品成本明细账"和"自制半成品明细账"。

(2) 计算填列"产成品成本还原计算表"（见图表模拟-21，列出还原分配率的计算过程）。

图表模拟-20

产品成本明细账

车间名称：第二车间　　　　　　　　　产品名称：产成品 A
单位：元

项　　目	半成品	直接人工	制造费用	合　　计
月初在产品定额成本	27 600	2 450	2 600	32 650
本月生产费用		19 600	15 400	
生产费用合计				
完工产成品成本				
月末在产品定额成本	13 800	5 250	4 000	23 050

图表模拟-21

产成品成本还原计算表

单位：元

项　　目	还原分配率	半成品	直接材料	直接人工	制造费用	成本合计
还原前产成品成本						
本月所产半成品成本						
成本还原						
还原后产成品成本						

附录

成本会计作业规范化须知

1. 会计作业规范化是会计核算的基本功。学员在作业时应当像从事会计实务操作一样，严格要求自己，做到凭证、账簿、报表必须清晰、整洁、规范、一丝不苟，养成良好的会计习惯。

2. 阿拉伯数字应当一个一个地写，不得连笔写。所有以元为单位的阿拉伯数字，除表示单价等情况外，一律填写到"角"、"分"；无"角"、"分"的，角位和分位可写"0"。汉字大写数字金额如零、壹、贰、叁、肆、伍、陆、柒、捌、玖、拾、佰、仟、万、亿等，一律用正楷或行书体书写，不得任意自造简化字。大写金额数字写到"元"或"角"为止的，在"元"或"角"字之后应当写"整"字或"正"字。

3. 登记账簿和有关成本计算单（生产成本明细账）时，应当将会计凭证日期、编号、业务内容摘要、金额等逐项记入账内。各种账簿要按页次、行次顺序连续登记，不得跳行、隔页。账簿中书写的文字和数字一般应占格距的二分之一，以便留有改错的空间。如果账簿记录发生错误，不允许用涂改、挖补、刮擦、药水消除字迹等手段更正错误，而应当根据情况，按照规定的错账更正方法进行更正。由于记账凭证错误而使账簿记录发生错误的，应当首先更正记账凭证，然后再按更正的记账凭证登记账簿。

4. 会计分录应当指明某项经济业务应借应贷的账户名称及其登记的金额。规范的要求是上借下贷、左借右贷、借贷平衡，会计科目要写全称，其书写格式如下：

借：制造费用　　　　　　　　　　　　28 000.00
　　贷：银行存款　　　　　　　　　　28 000.00

学员在作业中经常出现的不正确的写法如下,应予纠正。

(1) 平头分录:

　　借:制造费用　　　　　　　　　　　　　　28 000.00
　　贷:银行存款　　　　　　　　　　　　　　28 000.00

(2) 先贷后借:

　　贷:银行存款　　　　　　　　　　　　　　28 000.00
　　　借:制造费用　　　　　　　　　　　　　　28 000.00

(3) 横写分录,平借平贷:

　　借:制造费用　　28 000.00　　　贷:银行存款　　28 000.00

(4) 借贷不平衡:

　　借:制造费用　　　　　　　　　　　　　　26 000.00
　　　贷:银行存款　　　　　　　　　　　　　　28 000.00

5. 不应当用铅笔作业,而应该用钢笔或圆珠笔书写。下列情况可以用红色墨水书写:

(1) 按照红字冲销的记账凭证,冲销错误记录。

(2) 在不设借贷等栏的多栏式账页或产品成本计算单中,登记减少数。

(3) 在三栏式账户的余额栏前,如未印明余额方向的,在余额栏内登记负数余额。

(4) 按规定需要结出本期发生额或余额账户的结账线。

需要注意的是,会计报表上一般不出现红字,而以负数列示。

6. 计算分配率、分配额除不尽的时候,除作业规定的有关要求以外,计算结果可保留两位小数,第三位四舍五入。

李敏先生系列教材
最新财会职业技术教育系列教材

基础会计	（定价：20.00元）
基础会计习题集	（定价：12.60元）
财务会计	（定价：30.00元）
财务会计习题集	（定价：18.00元）
物业会计	（定价：21.50元）
物业会计习题集	（定价：12.50元）
财务管理	（定价：26.50元）
财务管理习题集	（定价：12.50元）
审计	（定价：20.50元）
审计习题集	（定价：10.00元）
成本会计	（定价：16.60元）
成本会计习题集	（定价：14.00元）
税务会计	（定价：26.50元）
税务会计习题集	（定价：12.00元）
财经应用文	（定价：19.50元）
管理会计	（待　出）